AUTOSTIMA

ROBERTA BALDI

INDICE

Introduzione v

1. Che cos'è l'autostima? 1
2. Imparare ad amarsi (e accettarsi) 7
3. Allenamenti Per Intensificare l'Amore Per Se Stessi 45
4. Comprendi l'Amore Per Te Stesso 53
5. Auto Immagine: Come Ci Vediamo Allo Specchio? 61
6. Come Far Crescere L'autostima Del Bambino 65
7. Relazionarsi Con Gli Altri E Smettere Di Criticare 81
8. Dalla teoria alla pratica: esercizi per migliorare l'autostima 97

Conclusione 109

I Termini dell'Autostima 113

INTRODUZIONE

Il termine autostima deriva dalla parola "stima", in quanto implica un genuino apprezzamento e rispetto per se stessi e per gli altri.

L'autostima è un meccanismo soggettivo che oscilla molto nel corso della vita, ma sapere come mantenerla al massimo con alcuni esercizi e con la consapevolezza può aiutare notevolmente ad affrontare la vita quotidiana. Ne beneficeranno anche i vostri rapporti, da quello instaurato con il padrone di casa, all'amico d'infanzia, al conoscente, ai familiari e al partner stesso.

Le persone con bassa autostima hanno paura della perdita, dell'abbandono, del sospetto, della delusione, ecc.

Questo non deve accadere! Non potete più

permettervelo. Questa guida vi insegnerà a conoscere meglio voi stessi e vi darà gli strumenti per rafforzare il vostro essere e non sminuirvi mai più. C'è così tanto potenziale inutilizzato in tutti noi: dobbiamo solo imparare a riconoscerlo e a sfruttarlo!

1

CHE COS'È L'AUTOSTIMA?

«L*'autostima è la valutazione che una persona dà di se stessa».*

Il nostro giudizio è condizionato da elementi cognitivi, cioè dal bagaglio di conoscenze che ci portiamo dietro, ricco di: consapevolezza di sé, elementi affettivi che condizionano la nostra sensibilità, elementi sociali che mantengono il nostro aspetto e cercano di influenzare il gruppo e la nostra convalida, esperienze passate, ecc.

Come posso capire se ho una bassa autostima?

Questo è forse il passo che richiede la maggiore onestà con se stessi. Ora vi elencherò alcune caratteristiche tipiche delle persone con scarsa autostima, che dovrete leggere e provare a chiedervi (onestamente) se anche voi vi comportate così. Se la risposta è sì, non preoccupatevi! Tutto può essere risolto e io sono qui per aiutarvi a uscire dal tunnel.

- Mancanza di fiducia in se stessi;
- Scarsa fiducia nelle proprie capacità (anche se sono eccellenti);
- Perenne insicurezza (ansia);
- Non si può contare solo su se stessi;
- Esprime timori legati alla sua percezione di inadeguatezza e incompetenza;
- Ansia nel dover prendere una decisione importante in completa autonomia ("Ho fatto la scelta migliore?").

Queste sono le principali trappole in cui cadiamo se abbiamo una bassa o quasi nulla autostima!

Nessuno nasce con la giusta dose di autostima. Oltre al lavoro che possiamo fare su noi stessi, coltivandolo, esercitandoci a esprimere il meglio di noi stessi, a credere nelle nostre capacità, a coltivare con entusiasmo il nostro percorso di crescita, ecc. Purtroppo la nostra immagine di sé è costantemente modellata da fattori esterni. E non c'è modo di evitarlo. Siamo ancora umani, quindi siamo "animali" che vivono in branco, in compagnia dei nostri simili. Ognuno con i propri difetti, insicurezze, indecisioni e così via. Ecco perché l'autostima è un fattore dinamico che si evolve e cambia nel tempo e cambia molto nel corso della vita!

Un'altra trappola in cui possiamo facilmente cadere è la convinzione che solo una bassa autostima possa avere un impatto negativo sulla nostra vita. Sbagliato! Un altro ostacolo è l'eccessiva autostima, che può avere conseguenze dannose. Gli estremi si toccano, sia in positivo che in negativo. Chi è troppo sicuro di sé e mette in mostra le proprie capacità, credendo di essere il messaggero della verità assoluta (anche se evidentemente non è così), rischia di non rendersi conto dei propri errori, anche quando li commette. La loro fiducia in se stessi li porta a non considerare gli altri punti di vista. In questo caso, si tratta di un'autostima ipertrofizzata o addirittura sovrasviluppata. Segni riconoscibili:

- Tanta (eccessiva) fiducia;
- Orgoglio;
- In grassetto;
- Testardo;
- Incapacità di guardare indietro;
- Difficoltà ad analizzare il proprio passato;
- Incapacità di imparare dai propri errori (perché si è convinti di non commetterne).

Come spesso accade, la verità si trova nel mezzo di questi due estremi. La vera virtù e il vero rispetto per se stessi risiedono nella capacità di trovare il giusto equilibrio per il benessere di se stessi e degli altri. Parlo di "trovare un equilibrio", perché una persona con una buona autostima non è perfetta, ma è in grado di mantenere i tratti comportamentali che meno le piacciono di sé e di sapersi comunque valorizzare.

Una sana autostima si basa su una profonda e onesta conoscenza di se stessi, aiuta a mantenere i punti di forza e a migliorare le debolezze e incoraggia la definizione di obiettivi impegnativi ma non eccessivi.

Analizziamo quindi coloro che hanno una bassa autostima, perché sono quelli che hanno più bisogno di "sostegno" per migliorare.

"So di essere una brava persona con delle capacità. Perché non riesco ad apprezzarmi?".

La bassa autostima deriva solitamente da una discrepanza tra il sé ideale e il sé percepito. Il "sé ideale" è l'ambito che comprende ciò che si vorrebbe essere, le qualità che si vorrebbero avere, il carattere ideale che si vorrebbe formare, ecc. Come ci vediamo? Come pensiamo di essere?

Tutti hanno pensato in qualche misura: "Vorrei

avere quella capacità" o "Vorrei essere così, ma non saprei come". Sono pensieri comuni. Normale. Ma fate attenzione che non diventi uno stile di vita! Nessuno dovrebbe accettare il fatto che non sarà mai la persona che vuole essere. Innescando questo meccanismo, la paura e l'insicurezza diventano un dato di fatto. L'ostacolo deve essere superato, non trasformato in un muro inespugnabile.

Volete davvero aumentare la vostra autostima? Questo processo non è né immediato né impossibile, ma richiede tempo, volontà e perseveranza. Lo fate per voi stessi: per nessun altro. Ma ne beneficeranno anche tutti coloro che ci circondano.

Coraggio. Provate!

2

IMPARARE AD AMARSI (E ACCETTARSI)

In questo nuovo capitolo ci concentreremo sull'elemento fondamentale per gettare le basi di un'autostima buona e duratura: l'amore per se stessi. Se volete che le valutazioni esterne non minino la vostra autostima, dovete essere davvero sicuri di quanto di buono avete da offrire. Altrimenti, vi farete una corazza di carta che si sgretolerà la prima volta che affronterete un monto esterno spietato.

Anche se ognuno di noi ha la propria idea di cosa significhi amare un'altra persona, alcuni di questi sentimenti, come la lussuria, l'ammirazione, l'investimento emotivo, l'affetto, ecc. sono paralizzanti se devono essere dedicati a se stessi. Siamo costantemente impegnati a coltivare l'amore per gli altri. Ma cosa sappiamo dell'amore per se stessi?

Immagino che per molti lettori questo sia un concetto completamente estraneo. Questo perché ne trascuriamo l'importanza!

L'amore per se stessi è una combinazione di accettazione di sé, padronanza di sé (che è diversa dall'ossessione per se stessi) e consapevolezza di sé, rispetto di sé e gentilezza verso se stessi. Il concetto di amore per se stessi è sia teorico, in quanto meritiamo rispetto e gentilezza, sia pratico, in quanto si esprime attraverso gesti di pura compassione e cura di sé. In altre parole, l'amore per se stessi è la trasformazione pratica della più teorica autostima.

A quali concetti dobbiamo prestare maggiore attenzione?

Quali abitudini dovremmo introdurre nella nostra vita o nella nostra routine quotidiana per aumentare il nostro amor proprio e quindi la nostra autostima vitale?

Guardiamoli insieme:

- Trasformate il vostro copione interiore

Non appena vi rendete conto che state facendo pensieri negativi che affondano il vostro essere e spengono la luce che avete dentro, fermatevi! Interrompete quello che state facendo e cercate di riconoscere la natura della sensazione e la sua origine. Solo dopo aver fatto questo è possibile trasformare il pensiero, ma in modo positivo e produttivo. Per esempio, se avete dimenticato di consegnare un documento importante al vostro capo, potete dire la seguente auto colpevolizzazione: "Sono davvero uno stupido! Come potrei dimenticarlo?". STOP. Interrompere immediatamente il fastidioso flusso di pensieri e formarne di nuovi. Anche se siete consapevoli che il proprietario potrebbe essere turbato dalla vostra assenza, cercate di ripetere a voi stessi le seguenti parole: "Ora mi sento stupido perché ho dimenticato di presentare il documento. Quando da bambino dimenticavo qualcosa di importante, mio padre mi diceva che ero stupido. Le parole che riecheggiano nella mia testa sono le sue, non le mie. Quindi continua: "Sono un lavoratore capace che ha commesso un errore umano, e d'ora in poi me lo ricorderò. Questa volta consegnerò il documento in mattinata e mi scuso per il ritardo.

- Superare le convinzioni negative su di sé

Non nutrite pensieri negativi su di voi. Lasciateli andare e superateli. Anche se state lottando, dovete superare le opinioni negative espresse da qualcuno che vi è vicino. Se eliminate queste critiche, la persona in questione non vi amerà o accetterà di meno.

- Eliminare i filtri negativi

Se siete abituati a concentrarvi solo sulle cose che non vanno o che non vanno nella direzione che desiderate, sappiate che questo è un modo terribile di affrontare la vita. Concentrandosi troppo sugli eventi negativi della propria vita, non si fa altro che ingigantirli e dar loro più importanza di quanta ne meritino. Le persone che si comportano in questo modo tendono ad avere l'abitudine di lamentarsi costantemente delle cose brutte che accadono loro. E si dimenticano di tutte le cose buone che li circondano. Cercate di trovare prove del contrario; è davvero improbabile che non ci sia una sola cosa corretta! Comportarsi da vittima non vi aiuterà, anzi.

Non parlate mai in modo offensivo di voi stessi Se vi insultiamo come mezzo di comunicazione personale, non facciamo altro che ridurvi a qualcosa che non vi piace e che non rispettereste, tanto meno amereste. Se dite "sono un fallito" dopo essere stati licenziati, è inappropriato e ingiusto nei vostri confronti. Invece, fate un commento utile: "Ho perso il lavoro, ma posso valorizzare questa esperienza per trovarne e mantenerne un altro". Anche pensare: "Sono davvero stupido perché non so come montare questi mobili" è sbagliato e riduttivo. Se vi sentite stupidi o inadeguati, molto probabilmente è perché non avete abbastanza informazioni su qualcosa. Formulate quindi un pensiero costruttivo, ad esempio: "Non so come fare questo semplice lavoro di assemblaggio. Forse potrei seguire un corso e imparare un po' di falegnameria, se mai ne avrò l'occasione.

- Evitare il perfezionismo

Coloro che sono cresciuti con l'aspettativa di raggiungere standard molto elevati noteranno come portino con sé i residui di questa pretesa: quando parlano di se stessi, non possono accettare nulla di meno della perfezione. Se avete la sensazione di tendere alla perfezione e che ogni volta che non ci riuscite vi comportate male con voi stessi, adottate tre semplici misure. Lasciate andare il vostro attuale modo di pensare (come abbiamo detto nel capitolo precedente, non avete bisogno della perfezione per avere una forte autostima!) Concentratevi sullo sforzo necessario per raggiungere il vostro obiettivo e iniziate a farlo con costanza. Dovete pretendere il meglio delle vostre capacità. Minimizzare l'importanza della perfezione dell'obiettivo finale e valorizzare lo sforzo necessario per raggiungerlo (che è difficile da quantificare in termini di "perfezione") vi aiuterà ad apprezzare un lavoro ben fatto.

- Non date per scontato che il peggio possa accadere

Quando abbiamo un evento che ci sta a cuore o desideriamo una svolta decisiva nella nostra vita, è facile convincersi che ogni situazione si svolgerà esattamente come dovrebbe. Questi pensieri negativi sono come una calamita che influenza il corso degli eventi. Che ci crediate o no, è così. La maggior parte delle nostre paure si accumulano insistendo sul fatto che non vogliamo che accada. Se cambiate il vostro dialogo interno e cercate di essere il più possibile onesti, ottimisti e realistici, riuscirete a non generalizzare o esagerare le valutazioni negative di ogni evento.

Costruire l'autostima attraverso la comunicazione assertiva

La comunicazione assertiva è uno stile caratterizzato dal rispetto di sé e degli altri. L'assertività combina un insieme di tecniche per chiarire le proprie idee e proporle agli altri, evitando i blocchi relazionali e promuovendo gli aspetti positivi delle proprie proposte. Anche le tecniche di assertività sono utili per richiedere un cambiamento di comportamento. La comunicazione assertiva è un modo di comunicare basato su uno stile chiaro, efficace e stabile che consente all'individuo che lo padroneggia di stabilire buone relazioni sociali. Essere assertivi significa promuovere le proprie idee senza giudicare gli altri e senza perdere la propria posizione. Lo stile assertivo consiste quindi in:

- Assertività;
- Assenza di ansia sociale;
- Assenza di colpa;
- Fiducia negli altri e nelle loro parole;
- Comunicazione chiara dei propri sentimenti;
- Assenza di pregiudizi;
- Uso dell'ascolto attivo.

Per assertività si intende la capacità di esprimere e far valere la propria opinione: spesso, però, un atteggiamento assertivo, soprattutto nei soggetti più deboli, può sfociare in aggressività. Tuttavia, i due concetti sono molto diversi:

L'assertività si basa su un equilibrio da ricercare tra il rispetto della propria opinione e il rispetto delle opinioni e dei punti di vista degli altri. Essere assertivi significa affermare la propria posizione con fermezza, correttezza, ma anche con empatia;

D'altra parte, l'aggressività si basa sulla vittoria: il comportamento è egoistico e mira solo a raggiungere i propri interessi, senza tenere conto dei diritti, dei bisogni, dei sentimenti o dei desideri delle altre persone.

Per comprendere meglio questa differenza, dobbiamo analizzare tre stili di comunicazione: passività, aggressività e assertività.

Passività, Aggressività e Assertività: I tre stili di comunicazione

I tre stili di comunicazione dovrebbero essere utilizzati per sviluppare strategie per gli eventi e le situazioni che incontriamo nella nostra vita quotidiana.

- Stile passivo

Chi usa uno stile passivo ha paura di esprimere il proprio punto di vista personale. Questa paura risiede nel timore di essere giudicati dagli altri, di sbagliare o di essere disapprovati. Il ruolo principale di questi individui è il vittimismo: non riescono ad affermare i propri pensieri perché sentono di non essere abbastanza degni. Anche il loro corpo comunica in modo chiuso: spalle ingobbite, occhi abbassati, comunicazione para verbale lenta ed esitante sono le caratteristiche principali di un uomo o di una donna che utilizzano uno stile passivo. È lo stile tipico di una persona che ritiene più importante mantenere un rapporto con gli altri che promuovere le proprie idee: questo stile provoca ansia sociale e aumenta la probabilità di essere vittima di bullismo.

- Stile aggressivo

Le persone che utilizzano uno stile aggressivo si caratterizzano per essere intransigenti, vogliono dominare la propria posizione e non si preoccupano dei bisogni degli altri. Il linguaggio del corpo è altamente comunicativo, esprime aggressività e tende a usare una voce molto acuta. Questo è lo stile tipico di una persona che pensa solo a se stessa e vuole comunicare le proprie idee senza rispettare gli altri. Utilizza tutte le strategie possibili per raggiungere i suoi obiettivi e aumentare il suo potere.

- Stile assertivo

Chi usa uno stile assertivo sa come comunicare correttamente. Rispettano le opinioni degli altri, valutano le esigenze personali e quelle della persona che hanno di fronte e sanno come valutare i bisogni. Questo è lo stile tipico di una persona che unisce il rispetto per gli altri al rispetto di sé.

Se osserviamo questi tre stili di comunicazione, ci viene spontaneo dire che lo stile assertivo è il migliore: il più adatto alla vita sociale. Inoltre, lo stile assertivo qualifica la persona che lo utilizza, perché è bene essere assertivi perché:

- Rafforza l'attitudine all'ascolto;
- Fissare obiettivi chiari e precisi significa aumentare il proprio successo personale e quindi la propria autostima;
- Sì, aumenta la fiducia in se stessi: una

comunicazione assertiva significa avere fiducia nella propria capacità di pensare e prendere decisioni;

- Sa come criticare, sempre in modo costruttivo, il comportamento in sé e mai la persona;
- Impariamo a dire di no senza sentirci in colpa;
- Imparare ad ammettere i nostri errori e i nostri sbagli.

La comunicazione assertiva ha le sue tecniche: il punto di partenza è riconoscere le proprie paure e poi sapere come cambiare.

Comprendere le proprie paure

Tutti abbiamo paura di qualcosa, ma da dove vengono le paure? E la paura può essere utile se la affrontiamo in modo sereno?

Le paure sono tante e ognuno di noi ha le proprie paure personali: paura di volare, paura degli animali o degli insetti, fobie o paure legate all'imprevedibilità della vita. Ma ciò che accomuna tutte le persone è la paura dell'abbandono: di perdere beni, persone e tutto ciò che fa parte della nostra vita. La paura, come la felicità o la tristezza, è un'emozione semplice e può quindi essere controllata. Per raggiungere questo obiettivo, dobbiamo smettere di essere schiavi della mente e capire chi siamo veramente.

In effetti, la nostra mente ha una notevole capacità di avvertirci del pericolo e, se siamo allenati, di suggerirci una via di fuga: la paura è quindi anche un istinto di sopravvivenza. Il problema sorge quando la paura prende il sopravvento nella nostra vita e l'istinto di sopravvivenza non ha più potere sul nostro corpo. Per affrontare le nostre paure, dobbiamo lavorare dentro di noi e cercare di riconnetterci con la nostra essenza: quando una persona si rende conto di essere sia anima che mente, può cambiare prospettiva e immaginare meglio le situazioni: capisce quando abbiamo paura e affronta le sfide senza timori o blocchi, insomma, si evolve.

Le paure nascono dall'attaccamento: troppo spesso l'uomo porta la felicità nelle cose, nelle persone e nelle situazioni attaccandosi all'essere, così che quando le situazioni di vita devono essere abbandonate, sorgono il desiderio e l'attaccamento, che sono la causa della paura.

Le paure si sviluppano a causa dell'inconscio: l'uomo non è consapevole di se stesso e delle leggi che regolano la vita. La paura nasce quando manca la chiarezza dello scopo e della visione. Se una persona non riesce a liberarsi dalla manipolazione impostagli dalla società, sarà sempre schiava degli schemi di pensiero: una persona spaventata può essere manipolata, ma una persona consapevole no.

Come si affronta la paura?

Prima di tutto, è necessario essere presenti: vivere il momento è vivere in pace. Quando i pensieri vagano verso il futuro, sorgono l'ansia e la paura del domani. Concentratevi sempre sul qui e ora: non c'è domani, ma solo il presente.

Allora bisogna iniziare con una pulizia interiore: ci sono tante cose nel nostro inconscio che dobbiamo rimuovere per sentirci meglio. Traumi, ricordi dolorosi, pensieri negativi, blocchi emotivi e tutto ciò che può danneggiare la nostra anima: guardiamo questo sporco e lasciamolo andare.

Infine, dobbiamo avere il coraggio di fidarci: nel 90% dei casi il pericolo non c'è, ma la nostra mente ci sta ingannando. La paura deve essere accolta e affrontata con calma, solo così può dissiparsi. L'unica cosa che possiamo fare è trovare il coraggio di aprirci alla paura, e solo allora tutto sembrerà normale: solo allora vedremo che non c'è davvero nulla di cui aver paura. L'atteggiamento giusto non è combattere la paura, ma osservarla e ringraziarla per averci reso capaci di vedere oltre i nostri limiti.

Cambiare noi stessi

Sembra semplice, ma non lo è: è la classica situazione che diremmo più facile a dirsi che a farsi, ed è vero, non stiamo mentendo. Ma bisogna iniziare da qualche parte e il cambiamento è il primo passo. La maggior parte delle persone è demotivata e ha un'autostima molto bassa: non sa come reagire alle delusioni e alle difficoltà, il che porta all'autocommiserazione. Alcuni dei sintomi più comuni che simboleggiano una bassa autostima sono:

- Disturbi d'ansia;
- Difficoltà a raggiungere nuovi obiettivi;
- Avversione al rischio;
- Mancanza di assertività;
- Mancanza di resilienza;
- Tendenza al pessimismo;
- Mancanza di iniziativa;
- Comportamento passivo;
- Sentimenti di inferiorità;
- Eccessiva timidezza;
- Chiusura mentale molto forte;

- Cercare costantemente l'approvazione degli altri;
- Mancata risposta ai problemi.

La fiducia in se stessi è un dono sempre più raro negli esseri umani. Al contrario, una bassa autostima ha un impatto negativo non solo sulla nostra vita, ma anche sulle relazioni sociali e sul benessere psicofisico di chi ne è affetto. Ma c'è una soluzione. Per credere in se stessi, è necessario cambiare l'opinione che si ha di se stessi e non dare più importanza a ciò che dicono gli altri, ma piacersi. Se comprendiamo chi siamo veramente, siamo unici; se comprendiamo i nostri obiettivi, abbiamo successo; se comprendiamo i nostri talenti e le nostre qualità, siamo unici. Vediamo come affrontare il cambiamento:

- Ritrovare la calma

Tutti noi abbiamo affrontato almeno una volta nella vita un periodo buio: la voglia di ricominciare era lontana anni luce e sentivamo il bisogno di tornare con i piedi per terra. Ma ci vuole coraggio per rialzarsi e ricominciare. In questo senso, il vostro più grande alleato è la resilienza: la capacità di affrontare gli eventi traumatici in modo positivo, mostrando le opportunità che la vita offre. Trovare la serenità significa essere soddisfatti e sapere che la vita può essere difficile, ma è importante trovare il coraggio di rialzarsi dopo ogni caduta.

- Sperimentare cose nuove

La fiducia in se stessi viene uccisa dalle abitudini: le stesse routine ripetute in continuazione provocano lo scoraggiamento. Ecco perché è sempre importante provare qualcosa di nuovo: qualcosa di estremo, che magari non fa per noi, ma che ci fa uscire dalla nostra zona di comfort, almeno per qualche ora. La cosa migliore da fare è viaggiare, studiare, conoscere nuove circostanze e culture per arricchire il proprio bagaglio culturale e aumentare la fiducia in se stessi.

- Affrontare le emozioni negative

Per superare le emozioni negative è necessario capire cosa sono: cercate di capire a cosa le associate, quali ricordi evocano, quando sono apparse per la prima volta, insomma cercate di scoprire quante più informazioni possibili. Allora affrontatele: capite cosa vi causa sofferenza e disagio e cercate di eliminarlo dalla vostra vita; se non ci riuscite, imparate ad accettarlo e a elaborarlo. È possibile.

- Assumere un atteggiamento positivo.

Per sentirsi bene ogni giorno e affrontare le sfide della vita, è necessario avere una mentalità positiva: è questo il quadro mentale che ci aiuterà a raggiungere con fiducia nuovi obiettivi e ad aumentare la nostra autostima. Anche nei giorni peggiori possiamo mantenere un atteggiamento positivo, come? In questo modo: iniziare sempre la giornata con una nota positiva; pensare alle persone che ci amano e che sono sempre pronte ad aiutarci e a sostenerci (e anche a tollerarci); concentrarsi su ciò che si può imparare dalle esperienze più complesse; evitare le persone polemiche e tutte le situazioni in cui si può essere sottovalutati; trasmettere i propri sentimenti positivi agli altri, che a loro volta li accetteranno e ci mostreranno il buon umore.

- Prendetevi cura di voi stessi

Le nostre giornate sono piene di impegni e non troviamo mai un momento per noi stessi: è ora di cambiare. Prendetevi qualche minuto al giorno per fare qualcosa che vi piace: un abbraccio, un pomeriggio con un amico di vecchia data, un giro di shopping, una corsa nel parco. Tutto ciò che vi serve e che ha come unico scopo quello di farvi sentire bene. Prendersi cura di sé significa anche ascoltare ciò che il corpo ci dice e adattarsi ad esso.

- Non confrontarsi con gli altri

Un passo fondamentale verso il cambiamento è riconoscere che siamo unici: non siamo uguali a nessun altro e non dobbiamo cercare di imitare nessuno. Abbiamo qualità che gli altri non hanno, pensiamo in modo diverso e vogliamo cose diverse. A livello psicologico, il confronto può essere stimolante, ma non deve mai oltrepassare il limite: non deve portare le persone a pretendere sempre di più, perché questo non fa che aumentare lo stress e la negatività che vogliamo ridurre. Apprezzate sempre ciò che siete, lodatevi per i risultati ottenuti e cercate di vedere fino a dove potete arrivare. Invece di invidiare gli altri, aumentate le vostre conoscenze e competenze. Siate l'invidia di chi vi invidia: "Se facessimo tutte le cose che siamo capaci di fare, ci stupiremmo letteralmente". Questo è ciò che ha detto Thomas A. Edison, non vorresti contraddirlo?

Diventare assertivi

Il comportamento assertivo, che ci permette di affermare il nostro punto di vista senza ingannare gli altri, ci impone di essere diretti, onesti e rispettosi di noi stessi e degli altri. Sapersi esprimere con chiarezza senza sembrare prepotenti o sottomessi vi darà molti vantaggi sul lavoro e nella vita privata: comunicare le vostre idee vi permette anche di aumentare la vostra autostima. Vediamo come diventare assertivi in 7 semplici passi.

- Concentratevi sul vostro valore

Dobbiamo sempre essere consapevoli che le nostre esigenze e aspettative sono importanti quanto quelle degli altri: non dobbiamo mai compiacere le persone che ci circondano, perché finiremo per pentircene. Dobbiamo credere in noi stessi e nelle nostre capacità: abbiamo tutti i mezzi a disposizione per affrontare qualsiasi cosa, anche le sfide più difficili.

- Dare significato alle parole

Ogni volta che dobbiamo parlare o iniziare un discorso, qualunque sia il suo significato, dobbiamo sempre cercare di chiarire nella nostra mente cosa vogliamo comunicare e cosa vogliamo ottenere con le nostre parole. Se confondiamo l'ascoltatore, non ci capirà affatto. È meglio usare frasi brevi e chiare, che vadano dritte al punto; bisogna evitare di scusarsi, di chiedere permessi o di evitare i concetti; bisogna essere diretti e precisi; il tono della voce deve essere calmo, fermo e sufficientemente alto da permettere a tutti di sentirvi facilmente; non bisogna avere remore nel credere a ciò che si dice.

- Prendetevi cura del vostro linguaggio non verbale

Quando parlate con qualcuno, cercate sempre di guardarlo negli occhi per dargli più fiducia e cercate sempre di mantenere la giusta distanza, quella distanza intermedia che si trova dall'altra parte della stanza. Spalle rilassate e un sorriso amichevole: evitate posture dittatoriali, non puntate mai le dita o mettete le mani sui fianchi.

- È necessario essere aperti e ascoltare.

Conoscere le proprie idee non significa non essere aperti ad altri punti di vista: il modo migliore per relazionarsi con gli altri è cercare di mediare tra le nostre esigenze e quelle degli altri. Cerchiamo sempre di esprimere le nostre idee senza freni e ascoltiamo con attenzione chi ci sta di fronte.

- Ripetere la propria posizione

Se avete già espresso un'opinione in un discorso, non abbiate paura di ripeterla: la chiave della persuasione è ripetere le vostre idee. Questa "strategia" va sempre fatta con calma, senza mai alzare la voce e mantenendo un atteggiamento aperto verso gli altri. Vi ricordate che da bambini, quando volevate un giocattolo, ripetevate all'infinito il vostro desiderio ai vostri genitori? Il processo è lo stesso.

- Non scappare e non attaccare

Durante un conflitto, dobbiamo sempre trattare la persona che abbiamo di fronte con calma e fermezza: una persona molto arrabbiata può essere aggressiva, quindi non dobbiamo cedere alle sue emozioni. Lasciate che si esprimano, ascoltateli e poi spiegate le vostre ragioni, mantenendo sempre il contatto visivo. Questo sarà un esempio per far sì che anche loro diventino assertivi.

- Non fare il bullo

Il rispetto per se stessi deve essere coltivato insieme al rispetto per gli altri. Trattare le persone come inferiori e aggredirle verbalmente può mettervi dalla parte sbagliata della barricata e i sensi di colpa che ne possono derivare possono portare a uno stato emotivo difficile da gestire.

Imparare a dire di no

Parleremo ora del punto fondamentale della comunicazione assertiva: l'importanza di dire no senza sentirsi in colpa. Se dite sempre "sì", anche quando avreste dovuto evitarlo, alla lunga perderete il controllo della vostra vita e vi arrabbierete perché non avete fatto ciò che volevate davvero. La base di una buona comunicazione assertiva consiste nel saper dire di no con rispetto e senza sensi di colpa.

Smettiamo di credere subito che dire "no" sia un blocco nelle relazioni o una mancanza di rispetto per gli altri: dire il giusto "no" aiuta voi e gli altri a costruire relazioni di fiducia. In realtà, una buona comunicazione assertiva si basa su un equilibrio tra due estremi negativi: dire sempre sì e dire sempre no. I diritti degli altri sono importanti quanto i vostri: se sapete dire di no, saprete quando dire di no e quando dire di sì senza sentirvi in colpa o cattivi. In primo luogo, dovete dimenticare la paura o il senso di colpa: se siete sicuri di voi stessi, avete obiettivi chiari e principi forti, e comunicate onestamente e apertamente con gli altri, sarete in grado di giustificare il vostro no. In alternativa, potete continuare a leggere.

Credenze che impediscono di dire di no

Ci sono false credenze, miti che incoraggiano le persone a non comportarsi in modo assertivo e a non dire mai di no, così che diventano frustrate, incomprese e arrabbiate con se stesse e con il mondo. Uno studio condotto da Ellis Lange e Jakubowki, rinomati esperti del settore, ha identificato una serie di falsi miti, pensieri e convinzioni che portano le persone ad adottare un atteggiamento passivo.

- Il mito della modestia

Alcune persone pensano erroneamente che mettere in mostra le proprie qualità positive agli altri sia un peccato di arroganza: queste persone accettano complimenti e lodi con imbarazzo, disagio e difficoltà. Il mito della modestia porta gli individui a concentrarsi solo sugli aspetti negativi, ignorando e non vedendo tutti i loro punti di forza. Con il tempo, queste persone cercheranno solo gli aspetti negativi nel mondo e nelle altre persone e arriveranno a considerare normali tutti gli insuccessi che sperimentano nella vita. Secondo Ellis, il mito della modestia può portare a sentimenti di depressione, ansia, insicurezza e frustrazione: "[...] È quindi importante imparare a vivere con la possibilità di riconoscere i propri meriti come un diritto, e l'importanza di accettare feedback positivi e lodi dal mondo esterno, e di valutare realisticamente i propri punti di forza quando ci si presenta agli altri". Questo atteggiamento porta vantaggi nelle relazioni con gli altri, perché accettando serenamente un'immagine positiva di sé, una persona accetta di riflesso i punti di forza degli altri senza viverli con sentimenti di delusione o invidia.

- Il mito dell'ansia

Molti ritengono che l'ansia sia il primo nemico da superare e anche il primo da nascondere: chi sperimenta livelli di ansia molto elevati ritiene di nasconderla agli altri perché potrebbe essere percepita come un segno di debolezza. Inoltre, l'individuo con ansia elevata ritiene che la società lo veda come un elemento di disturbo e negativo.

- Il mito dell'impegno

Il mito dell'obbligo si basa sulla convinzione che le persone siano sempre servizievoli e non chiedano nulla agli altri. Chi aderisce a questo mito usa espressioni come "ma non posso dirgli di no", "è vicino a me, non posso dirgli di no", "non posso chiedergli questo favore". Chi aderisce al mito dell'obbligo dirà sempre di sì a ogni richiesta e non chiederà mai nulla, finendo per essere frustrato, arrabbiato e aggressivo. Secondo Ellis, chi segue questo falso mito di solito: "attribuisce la causa della propria frustrazione al mondo esterno. Più precisamente, il soggetto finisce per essere completamente diffidente e frustrato nei confronti degli altri, perché sostiene che sono gli altri a non capirlo, a non comprenderlo, ad approfittarsi di lui. Creano anche l'aspettativa di incontrare un giorno una persona che li comprenda pienamente e che anticipi i loro pensieri. Tuttavia, tale convinzione e aspettativa, come è facile prevedere, non si concretizza, e le persone finiscono per sperimentare un alto grado di sfiducia nel mondo, fino a un isolamento virtuale".

- Il mito del vero amico

I sostenitori di questo mito ritengono che in qualsiasi rapporto di amicizia le persone debbano capire e anticipare lo stato d'animo degli altri, le loro intenzioni e soddisfare le loro aspettative personali senza bisogno di essere avvisati. La delusione che inevitabilmente colpirà lo sfortunato "credente" lo travolgerà e lo porterà a isolarsi.

Imparare a dire di no: la pratica

Ma come dire di no? Dire no significa non rispondere o chiudere la porta a chi ci chiede di fare qualcosa: dire no in modo assertivo significa non conformarsi alle pressioni sociali dettate da altri e proteggere i propri valori. Seguite questi consigli e imparate a dire di no:

- Ammorbidite il tono di voce in modo che non venga percepito come un insulto;
- Esercitatevi a dire di no per non rimanere senza parole;
- Create frasi pronte da usare in qualsiasi situazione: "Ci penserò";
- Giustificate sempre la vostra risposta facendo riferimento alle circostanze esterne: "No, grazie. Ho accettato un altro impegno", "Mi dispiace, ma ho promesso a mio figlio che avrei passato del tempo con lui";

- Ritardare la risposta aumenta la possibilità che venga rifiutata;
- Siate persuasivi ma sempre educati: "Preferirei di no, mi dispiace", "No, grazie";
- Rispondete in modo semplice e diretto: "Grazie, ma non posso", "Grazie, ma non posso".

Per molti è difficile dire di no e a volte siamo "costretti" a dire di sì: ma il fatto che si abbia l'opportunità di fare qualcosa non significa che si debba farlo. Il modo migliore per dire di no è pensare alla propria situazione: quando dite di no, cercate di essere educati e di chiarire perché non potete dire di sì.

Esercizio 1: Rispondere negativamente Imparare a dire di no

Datevi il permesso di dire no.

- Chiedete più tempo prima di impegnarvi.
- Pensate a ciò che potete ragionevolmente fare e a ciò che vi piace davvero.
- Invece di dire istintivamente "sì", dedicate

il vostro tempo ad attività che vi piacciono davvero.

- Esercitatevi a dire "no": mettetevi davanti a uno specchio e guardatevi negli occhi.
- Siate consapevoli delle possibili tecniche di persuasione: spesso le persone non danno per scontato un "no".
- Iniziate con un complimento o un'espressione di gratitudine.
- Le persone possono cercare di convincervi a fare qualcosa perché si sentono in colpa per non aver ricambiato il favore.
- Non si è costretti a fare qualcosa solo perché l'ha fatto qualcun altro.
- Potete limitare i vostri impegni personali.
- Ringraziatelo e incoraggiatelo.
- Rispondete con un chiaro "no".
- Se dite "sì" troppo spesso, potreste perdere delle buone opportunità.
- Non dire mai "no" può avere conseguenze negative.
- Le persone spesso persistono.
- Stabilite dei limiti personali: è più facile dire di no se si ha un motivo.

Esercizio 2: Pensare prima di accettare ed evitare la colpa

- Accettare che i limiti sono personali e soggettivi: i nostri limiti ci proteggono e non confrontare mai i propri con quelli degli altri.
- Considerate che dicendo "no" potete evitare il risentimento.
- Considerate i motivi per cui non dite di no
- Migliorare la fiducia in se stessi: spesso non sappiamo dire di no perché non ci sentiamo sicuri. Per superare questo disagio, scrivete i vostri punti di forza, usate affermazioni positive per incoraggiarvi, esplorate i vostri interessi, prendetevi del tempo per voi stessi, non confrontatevi con altre persone e fissate obiettivi realistici.
- Non ripensate alla vostra risposta: quando dite di no, date la priorità ai vostri sentimenti positivi.
- Ricordate che non avete bisogno di un motivo per dire di no.

L'importanza dell'ascolto

Tutti parliamo, spesso gridiamo, ma quasi mai ascoltiamo: questo è il grande paradosso della modernità. In una società in cui la parola è la regina della comunicazione, molti di noi non sanno ascoltare. Come disse Plutarco: "Abbiamo due orecchie e una sola bocca perché dobbiamo ascoltare di più e parlare di meno".

Nella società è impossibile prendere le decisioni giuste senza prima ascoltare gli altri, nella famiglia è impossibile stabilire un equilibrio stabile senza ascoltare genitori e figli, nei rapporti quotidiani è impossibile vivere in comunità senza ascoltare il prossimo. Se l'ascolto è presente, le relazioni funzionano; al contrario, se l'ascolto è assente, le relazioni finiscono.

L'ascolto non è una pratica facile: per ascoltare bisogna armonizzare le orecchie, gli occhi e il cuore, un esercizio che mette in moto tutto il corpo umano. Ci siamo abituati a vivere con un rumore di fondo o nel silenzio, perdendo così la capacità di ascoltare. Ascoltare significa liberarsi dalle limitazioni e dai pregiudizi che ci vengono imposti dalla società odierna, soprattutto dal mondo di Internet. Ascoltare significa non accettare ciò che ci dicono gli slogan. Ascoltare, per usare un'altra famosa citazione di

Leonardo Da Vinci, significa "avere altri cervelli oltre al proprio". Ascoltare è anche una buona educazione: si ascolta con cortesia, si presta attenzione a ciò che gli altri dicono, si ha una mente aperta e la capacità di imparare e capire.

Essere presenti

Il vero ascolto non è solo quello delle orecchie, ma anche degli occhi, dei sensi e del cuore: se ascoltiamo davvero, riusciamo a percepire anche le più piccole sfumature, fatte di pause, silenzi, ripetizioni e atteggiamenti che rappresentano lo stato d'animo di chi ci sta parlando.

L'ascolto attivo è diverso dall'ascolto passivo: quest'ultimo significa che l'ascoltatore ascolta le parole senza comprenderne realmente il contenuto; può essere paragonato all'ascolto selettivo, in cui l'ascoltatore presta attenzione solo a ciò che vuole sentire ed elimina le parole che contraddicono il suo pensiero. Questo è il tipico ascolto con giudizi e supposizioni, un modo di ascoltare davvero inappropriato.

L'ascolto vero, autentico, attento e interessante è un atto volontario, composto da componenti fisiche, cognitive, emotive e spirituali. L'ascolto attivo è un aiuto nella vita quotidiana, al lavoro e a casa. Ci permette di capire come si sente un'altra persona, di cogliere la sua vita e le sue sfumature, facendoci entrare in un mondo di accettazione e accoglienza che può favorire l'apertura e l'autenticità. Per ascoltare attivamente, occorre evitare i seguenti comportamenti:

- Confortare la persona che ci parla, spezzando il coinvolgimento emotivo in cui si trova;
- Giudichiamo la persona che ci parla dal suo comportamento, dalle sue emozioni e da tutto ciò che ci trasmette con le sue parole;
- Interpretare il messaggio sulla base delle proprie esperienze, convinzioni e opinioni, distorcendo e trasformando il significato che l'interlocutore ha voluto esprimere;
- Ridurre al minimo o ridicolizzare le preoccupazioni dell'oratore;
- Proporre soluzioni per lui: con questo comportamento, facciamo sapere all'interlocutore che non riesce a trovare soluzioni da solo e che quelle che proponiamo sono decisamente migliori.

Una componente necessaria alla pratica del vero ascolto è la capacità di entrare in empatia con chi parla: questo, come previsto, significa abbandonare ogni forma di giudizio e pregiudizio sia sulla persona che sulle sue parole. Tuttavia, per entrare in sintonia, ci sono delle strategie che possiamo mettere in pratica: se le adottiamo, potremo entrare in sintonia con la persona che abbiamo di fronte e fargli sapere che il messaggio che vuole trasmettere ci raggiunge direttamente e chiaramente.

Strategie di ascolto

- Specchiare: specchiare

Questo è uno stile di comunicazione che viene utilizzato inconsciamente da persone con un buon grado di armonia. Riflettendo, diventiamo lo specchio di un altro, riflettendo i suoi gesti, la postura, le espressioni facciali e persino il tono della voce e del respiro. Qui il messaggio che mandiamo all'inconscio del nostro interlocutore è somiglianza e parentela, che accresce la sua fiducia in noi. Quando si usa la tecnica del mirroring bisogna evitarla e non esagerare, perché può avere il risultato opposto e la persona vede questa strategia come una presa in giro. Il rispecchiamento va fatto a piccole dosi, in modo intelligente e ponderato: basta rispecchiare circa il 50% della comunicazione non verbale di chi ci sta di fronte.

- Tracciamento

La conversione può essere riassunta nei seguenti termini: "Capisco chi sei" oppure "Capisco il tuo punto e rispetto la tua idea, anche se diversa dalla mia". I principali modelli di conversione sono i seguenti:

- Tracciamento emotivo o situazionale: consiste nell'inviare un messaggio alla persona che la aiuta a capire quanto comprendiamo il suo punto di vista e la situazione. Per evitare frasi come "Ti capisco", è meglio usare "Capisco la tua situazione".
- Tracciamento para verbale: consiste nel modulare il tono della voce in base alla frequenza del nostro interlocutore.
- Tracciamento sensoriale: consiste nel riconoscere i sistemi rappresentativi, quelli formati dal sistema visivo, il sistema

uditivo e il sistema cinestesico utilizzati dalla persona, e le parole con cui vuole rappresentare il suo mondo.

- Tracciamento verbale: consiste nel ripetere le parole ei modi di dire del nostro interlocutore.

- Questioni strategiche

Le domande sono una componente necessaria di un processo comunicativo efficace, soprattutto se crediamo di voler approfondire l'interlocutore. Fare domande dovrebbe essere un'arte: con le domande possiamo esplorare il mondo di un altro, il suo modo di pensare e il suo modo di sentire. È bene porsi domande con sensibilità e intelligenza: questo non è interrogatorio.

- Gestisci il silenzio

Incoraggiare la parola significa anche essere in grado di rimanere in silenzio. Essere in grado di gestire l'imbarazzo che potrebbe causare il silenzio è importante per non rischiare di colmare il vuoto e non preoccuparti se la persona ha davvero finito di parlare o sta solo respirando. Prima di parlare attendiamo sempre circa 5 secondi dal momento in cui l'interlocutore si ferma. Controllando pienamente il silenzio, l'interlocutore può capire che stiamo ascoltando con attenzione e attivamente e che comprendiamo davvero il suo messaggio. Padroneggiare il silenzio aumenta la percezione di essere considerati, il che favorisce una maggiore apertura verso di noi.

- Trasformazione

Questa strategia consiste nel dire con le stesse parole o con parole diverse più chiare e concise ciò che il nostro interlocutore ha appena detto. L'uso corretto della parafrasi avviene quando l'ascoltatore verifica di aver realmente ascoltato e compreso; chi parla capisce di essere stato ascoltato e compreso; l'oratore ha l'opportunità di vedere le sue percezioni da un altro punto di vista; l'ascoltatore riconosce i sentimenti ei significati di chi parla, accetta il suo punto di vista e lo restituisce come tale. La trasformazione non è facile e possiamo anche sbagliare nella sua attuazione: e un errore nell'uso della trasformazione potrebbe portare a due vantaggi:

- La persona può chiarire ulteriormente il suo pensiero;
- Parafrasando, chiariamo che siamo veramente interessati a ciò che ci è stato detto e vogliamo approfondire la discussione.

L'ascolto attivo è una vera maestria, una capacità fondamentale che merita di essere coltivata perché crea un'atmosfera favorevole alla comunicazione ea sua volta alle nostre relazioni. Se dedicassimo più tempo all'ascolto, potremmo evitare discussioni, incomprensioni, discussioni e tutti si sentirebbero più valorizzati e avrebbero dialoghi più autentici.

3

ALLENAMENTI PER INTENSIFICARE L'AMORE PER SE STESSI

Qualunque sia la risposta, sappi che ci sono modi pratici per affrontare al meglio queste emozioni negative e le critiche che abbiamo su noi stessi. Perché non dimenticare che siamo e saremo sempre i nostri giudici più spietati e severi! Pertanto, dobbiamo imparare a proteggerci prima di tutto da noi stessi. Ecco otto passaggi per praticare costantemente e devotamente l'amore che ognuno di noi merita per se stesso:

- Datti tempo

Il tempo è un cuscinetto per ogni malessere. Quindi cerca di ritagliarti degli spazi che siano solo tuoi per riflettere su te stesso e sulla tua vita. Non devi sentirti in colpa per voler trascorrere del tempo per te stesso: è un must! È importante che tu scelga di concederti tempo e il permesso di amarti. In tal modo, probabilmente scoprirai che puoi anche fornire più ore di qualità agli altri.

- Elenca le tue qualità positive e pensaci ogni giorno

Impegnati a scrivere le tue qualità positive almeno una volta alla settimana. Qualcosa di cui sei orgoglioso, che si tratti di estetica, carattere o abilità. So che questo può essere un vero grattacapo per chi tende a svalutarsi, ma cambiando il concetto di te stesso, ti riscoprirai migliore di quello che pensi di essere. Alla fine di ogni giornata, rileggi l'intero elenco e rifletti.

- Fare un elenco il più accurato possibile. Invece di usare aggettivi generici per descrivere te stesso, prova a elencare azioni o qualità specifiche che descrivono chi sei e cosa fai.
- Ad esempio, invece di essere affrettato con

un semplice "Sono generoso", potresti scrivere: "Ogni volta che un'amica è nei guai, le faccio un piccolo regalo per mostrarle il mio affetto. Questo comportamento mi rende generoso". Giustifica ogni voce, ogni qualità.

- Mentre rileggi e rifletti sulla tua lista, ricorda che ogni voce, per quanto insignificante possa sembrare, è una ragione per cui sei degno di rispetto e amore.

- Sviluppa un piano per aiutarti ad affrontare le battute d'arresto o la negatività

Potresti nominare quali attività (extra) ti distraggono dall'amare te stesso? Trova un piano per aggirare questi ostacoli e catturare il tuo tempo e il tuo benessere. Naturalmente, nessuno di noi ha la capacità di prevedere o controllare le parole e le azioni degli altri, ma tu puoi controllare le tue risposte e reazioni.

- Ad esempio, se sei abituato a essere immerso in una spirale di negatività a causa dei continui commenti negativi di una certa persona, come un genitore o il tuo capo, sarà importante cercare di evidenziare le ragioni. Perché commenti come questo ti trascinano così in basso? Infliggono una ferita dolorosa? È tempo di guarire.
- Decidi come affrontare i tuoi pensieri negativi. Potrebbe essere necessario fare una pausa meditativa o fermarsi e prendere fiato. Riconosci i tuoi sentimenti e trasforma le tue reazioni negative ricordando a te stesso il tuo valore.

- Festeggia e premiati

Questa è la parte divertente dell'amor proprio: premiarsi, ogni tanto, senza esagerare! Rendi le tue conquiste ancora più dolci. Se hai raggiunto un obiettivo importante, festeggia il tuo successo andando a cena fuori nel tuo ristorante di lusso preferito. Tu meriti! Pensa al duro lavoro che fai per giorni e giorni e trova un motivo per premiarti con qualcosa che ti diverte e rilassati. Qualcosa che non sempre hai la possibilità di regalarti (in parte per mancanza di tempo, in parte per soldi) Compra quel nuovo libro o quel videogioco che guardi da un po'. Lasciati coccolare da un lungo bagno caldo a lume di candela o vai direttamente in S.p.A. Vai a pescare con gli amici o fai una scarica di adrenalina in un'auto sportiva. Avrai solo l'imbarazzo della scelta.

- Consulta un terapeuta

Come sappiamo, molte persone si accusano ingiustamente di eventi passati o sono bloccate a causa di traumi che portiamo nel nostro bagaglio personale. Questo rappresenta un forte limite alla nostra felicità e al nostro sentimento di amore. Esplorare i tuoi pensieri negativi e identificare le cause che scatenano le tue emozioni può portare in superficie sentimenti e ricordi del passato difficili da affrontare. Non tutti sono in grado di far fronte a tali ricordi in solitudine, e infatti, se ci provi, puoi farti del male seriamente.

- Incontrarsi regolarmente con un terapeuta

che ha esperienza nell'affrontare esperienze dolorose passate può aiutarti a guarire senza costringerti a rivivere esperienze infelici.
- Lo studio di un terapeuta esperto può essere il luogo ideale per imparare a gestire in modo produttivo i pensieri negativi ea riconoscere le qualità positive.

- Dedicati ad attività che ti fanno stare bene

Il tuo corpo è il tuo tempio. Per amarti, è importante che la tua figura rifletta la tua salute interiore, emotiva e spirituale. Per adempiere a questo impegno, puoi scegliere di fare esercizio a casa o, meglio ancora, all'aperto, con la meditazione o qualsiasi altra attività che possa farti sentire meglio. Una volta trovata una routine che ti rende felice, cerca di attenerti ad essa e non lasciar andare le buone abitudini.

- Ripeti le affermazioni positive ogni giorno

Individua i pensieri positivi che ti aiuteranno a sentirti meglio e ripetili ogni giorno (ne troverai decine di migliaia su Internet. Ci sono anche video con frasi motivazionali). All'inizio potresti trovarlo inefficace o addirittura ironico, ma la nuova abitudine consentirà ai pensieri positivi di penetrare in profondità e alla fine scoprirai che inizi a credere veramente a quello che stai dicendo. La tua visione di te stesso cambierà drasticamente e svilupperai pensieri di amore e speranza.

- Una valida affermazione positiva per promuovere l'amor proprio è: "Sono un individuo completo e degno, amo me stesso, rispetto me stesso e mi fido di me stesso".
- Se trovi che le affermazioni da sole non migliorano, prova a consultare un terapeuta e fai un trattamento multilivello che includa anche approcci aggiuntivi e diversi.

- Considera gli effetti dell'amor proprio

Quando ti impegni ad amare e gratificare te stesso, tendi a vedere i benefici di questa pratica anche in altre aree della tua vita. Ad esempio, nota se ti senti più energico o se puoi essere più consapevole in presenza degli altri. Potresti iniziare ad acquisire un maggiore controllo sulle decisioni che prendi e sulla tua vita in generale.

4

COMPRENDI L'AMORE PER TE STESSO

Riconosceresti una persona che dice di amarsi, ma in realtà le sue azioni urlano il contrario? Sei sicuro di non intraprendere azioni auto-sabotanti? Come facciamo a sapere se ci amiamo e se soprattutto stiamo facendo la cosa giusta?

- Comprendi come i commenti degli altri influiscono sul tuo amor proprio

Arrenditi all'inevitabile: dovrai sempre combattere la negatività nella vita. Che sia presentato da te o da agenti esterni, sarà sempre lì. Non è possibile vivere in una bolla protetta dall'influenza dei commenti degli altri e dalla loro potenziale negatività, quindi dovrai imparare a far fronte alla mancanza di positività che viene dal tuo partner, capo, genitori e persino estranei su cui incontri la strada. Potenziandoti, sarai in grado di evitare l'influenza della negatività e mantenere i tuoi sentimenti di autostima! Sii forte, ce la farai.

- Riconoscere il pericolo della mancanza di amor proprio

Se non sai amarti abbastanza, ti complicherà la vita con le tue stesse mani. Anzi, in questo caso, con le loro decisioni dannose. Spesso la mancanza di amore è equiparata a una mancanza di autostima e porta all'autosabotaggio, consciamente o inconsciamente. L'approvazione degli altri è ciò che ti rende assetato e da cui dipendi se non ti ami abbastanza. Questo aspetto è più pericoloso di quanto immagini. Affidarsi agli altri per ottenere la loro approvazione può effettivamente incoraggiarti a trascurare i tuoi bisogni per sentirti accettato. La mancanza di amor proprio può anche impedirti di andare avanti e di guarire le ferite emotive. Uno studio ha mostrato che coloro che tendono a incolpare e trascurare se stessi, ottengono scarsi risultati nella psicoterapia nella vita.

- Riconosci il ruolo delle esperienze infantili nell'amore che provi per te stesso

Dalla nascita in poi, il rapporto che abbiamo con i nostri genitori influenza lo sviluppo del nostro carattere; i bambini i cui bisogni fisici, emotivi e mentali non sono stati soddisfatti possono avere problemi di autostima a lungo termine. Ad esempio, un bambino che è stato ripetutamente definito "apatico" o "noioso" è molto probabilmente considerato un adulto apatico o noioso, anche se l'evidenza suggerisce il contrario (ad esempio, se ha molti amici, fa ridere la gente, o ha uno stile di vita molto interessante). Ma la cosa più importante è l'idea che ognuno ha di se stesso, quindi immagina il danno causato dall'infanzia. I messaggi spesso negativi che riceviamo durante l'infanzia, soprattutto se ripetuti, rimangono impressi nella nostra mente e influenzano la nostra futura percezione di noi stessi. Se la catena non è rotta, è quasi impossibile liberarsi da adulto. Pertanto, se diventa una credenza, il tuo bagaglio personale si arricchirà di un pesante fardello.

Praticare la Meditazione dell'Amorevole Gentilezza

Apri la tua mente e dai il benvenuto alla conoscenza della pratica meditativa che aprirà la porta alla gentilezza verso te stesso e gli altri. Praticalo solo se non sei scettico, altrimenti non godrai mai della sua incredibile efficacia. La meditazione è un'arte saggia e antica. E quindi va rispettato e protetto da chi non ne rispetta le sacre sfumature!

- Raccogli i principi della meditazione della gentilezza amorevole

Questa tecnica ti insegnerà una regola essenziale: amare senza imporre condizioni e senza creare aspettative. Ti incoraggerà anche ad amare senza giudizio, sia te stesso che gli altri.

- Supportati con affermazioni positive

Mentre continui a respirare profondamente (puoi ascoltare musica rilassante in sottofondo se vuoi aiutare te stesso a "isolare la negatività"), inizia a ripetere a te stesso le seguenti affermazioni:

- Che io possa godere di ottima salute, così come la mia famiglia e i miei amici;
- Possa realizzare i miei sogni e vivere felicemente e pacificamente;
- Possa io essere sempre protetto e così è la mia famiglia;
- Possa io amare gli altri con tutto il mio cuore;
- Possa imparare a perdonare me stesso e gli altri.

Spesso, giudicando noi stessi o gli altri, danneggiamo le nostre relazioni personali e creiamo infelicità nelle nostre menti. Imparare ad amare senza giudizio significa imparare ad amare disinteressatamente. Senza aspettarsi nulla in cambio. Impariamo a dare gioia e amore: tutto ci tornerà prima o poi.

- Fai un respiro profondo

Riscaldati con respiri lenti e profondi. Sedersi su una sedia in una posizione eretta e comoda e lasciare che il torace si riempia completamente con l'aria che si espande dal diaframma. Quindi espira lentamente finché i polmoni non sono completamente vuoti.

- Pensa a una persona verso la quale provi un'ondata di positività

Ripeti le affermazioni senza fermarti a pensarci. La sua carica di energia positiva darà più enfasi alle tue frasi.

- Pensa a qualcuno per cui ti senti neutrale

Ripeti le affermazioni mantenendo un'immagine vivida nella tua mente. Quindi abbassiamo la carica energetica, e impariamo a gestire la positività anche attraverso un simbolo che ci "stabilizza". Questo soddisfa la nostra eccitazione.

- Identifica le tue reazioni negative alle affermazioni positive

Se ti vengono in mente pensieri negativi mentre ripeti le affermazioni precedenti, pensa a quali sono i fattori scatenanti. Forse sei stato distratto dall'immagine che avevi nella tua mente e hai pensato a qualcuno che proiettava su di te un'aura di negatività? Anche se è difficile, ora cerca di identificare le persone che trovi difficile amare incondizionatamente, e poi ripeti le affermazioni pensando a loro in modo specifico. Abbasseremo nuovamente la carica emotiva positiva. Questo è un ottimo esercizio per imparare a gestirlo senza rilasciarlo.

- Ripeti il mantra d'amore

Dopo aver diffuso sentimenti di positività in tutte le direzioni, ripeti il seguente mantra: "Che tutte le persone siano felici, felici e in salute". Ripeti questa affermazione cinque volte e senti le parole riverberare attraverso il tuo corpo, espandendoti e permeandoti in tutte le direzioni. Più credi in questo messaggio, più forza dirompente si diffonderà nell'universo.

- Infine, lascia che la positività che deriva

dalle affermazioni ti prenda
completamente il sopravvento

Ora ripeti le affermazioni senza pensare a nessuno in particolare. Concentrati solo sulla loro positività. Lascia che i sentimenti positivi permeino ogni parte di te e mandino la positività da te al resto del pianeta.

5

AUTO IMMAGINE: COME CI VEDIAMO ALLO SPECCHIO?

Ammettiamolo: un fattore esterno che ha sempre influito sulla nostra autostima è il nostro aspetto fisico. Non c'è nulla di cui vergognarsi: chi soffre della "responsabilità" imposta dalla società moderna di apparire sempre tonico, al peso ideale, avvolto negli abiti più alla moda, con un sorriso impeccabile e un'acconciatura che non perda. L'intero grumo allo sbando.

La televisione ha creato un confronto di "bellezza" a cui è difficile aspirare. Modelle, calciatori, presentatori e cantanti trascorrono più tempo a prendersi cura della propria immagine che al posto di lavoro reale.

Oltre all'enorme peso del confronto con il modello della bellezza moderna e del confronto con gli altri (compresi gli amici, i parenti che stimiamo di più, ecc.), un altro ostacolo che si frappone tra noi e la felicità ogni anno è l'inizio della primavera/estate. Quando dopo aver nascosto qualche chilo in più in maglioni larghi, è il momento di mostrare qualche lembo di pelle in più.

Panico. Non è vero?

Certo. Perché qui prende il sopravvento uno stressante confronto sociale e psicologico.

Per questo diamo spazio a uno studio condotto negli anni '70 da Maxwell Maltz: medico specializzato in chirurgia plastica. Si è reso conto che in ognuno di noi c'è un sé, o un'immagine di noi stessi, o "ciò in cui crediamo e siamo convinti di essere".

Abbiamo già visto come ciò che ci ha segnato dalla nascita influisca su tutta la nostra vita, ma ti sei reso conto che questo influisce anche sul nostro aspetto fisico?

Quando da bambini ci viene detto che siamo belli/brutti, alti/bassi, magri/grassi, belli/brutti, ecc., assorbiamo queste informazioni come pura verità, specialmente quando ci viene detto dal mondo degli adulti, che noi idealizzare come parte del mondo autorevole e blu.

"Se la gente dice che sono troppo formosa, allora non sto bene. Nessuno mi amerà" e quando ci vediamo allo specchio creiamo la nostra immagine (forse così perfetta) perché QUALCUN ALTRO ci ha imposto la sua visione di noi stessi. Questo è molto pericoloso e dannoso! Perché quando si innesca questo meccanismo, la ragazza che subisce questa "violenza psichica" non sentirà mai di aver perso abbastanza peso. Sembrerà sempre incompleta, storta e deformata rispetto ai suoi coetanei. Rispetto a Veline.

Tuttavia, non reagiamo tutti allo stesso modo. Ad esempio, c'è chi si prende un brufolo nel giorno sbagliato e non esce di casa per evitare brutti soprannomi o battute spiacevoli. C'è chi esce nonostante il brufolo, ma ogni volta che l'interlocutore lo guarda in faccia si sente inadeguato, convinto che il suo amico stia fissando il brufolo. D'altra parte, ci sono quelli a cui non importa una macchia sul viso e ne sono orgogliosi, non si preoccupano dell'aspetto degli altri e si sentono comunque attraenti.

Cosa cambia in questi tre casi? L'immagine che ognuno ha di sé. Fiducia in se stessi che ognuno ha per se stesso. Tutti e tre si sono svegliati quella mattina con un brufolo ben visibile nello stesso punto. Ma ciò che conta è come ti vedi allo specchio. L'idea che hai di te stesso è importante. Questo brufolo sta dominando ciò che offri al mondo? Questo brufolo limita le tue capacità? Questo brufolo ti impedisce di fare ciò che ami? Decidi tu. Quindi, immagina il potere che un tale processo ha nelle nostre interazioni con il mondo che ci circonda, se ci sentiamo soggetti al giudizio degli altri.

La chiave è: "Più accettiamo noi stessi, più la nostra immagine di sé si avvicina a chi siamo, e viceversa". Non saranno pochi chili in più o brufoli sul viso a renderci meno attraenti o belli, purché ci sentiamo bene con noi stessi.

Esercizio: durante la fase di rilassamento, disegna un'immagine migliore di te stesso su un pezzo di carta (o usa la tua immaginazione se non ti senti abile nel disegnare). Come vuoi essere a livello fisico?

Sentiti parte di questo cambiamento. Assicurati che giorno dopo giorno l'immagine dell'ego si materializzi al punto in cui crei un nuovo ego.

6

COME FAR CRESCERE L'AUTOSTIMA DEL BAMBINO

Se sei una mamma o un papà, questo capitolo è solo per te. E se non l'hai già fatto, salva queste preziose informazioni per la prossima volta che affronterai il compito più difficile del mondo: essere un buon genitore.

Sperando che se la nostra vita è arricchita da un bambino, abbiamo già fatto uno sforzo per conoscerci e lavorare attivamente sulle nostre insicurezze (per trasmetterle inconsapevolmente al bambino), quindi siamo pronti a crescere e instillare un buon livello di sé -stima nel nuovo arrivato. Sì, perché come genitori abbiamo il potere di plasmare in modo positivo o irreparabile la vita di un bambino. Ciò che gli insegniamo influenzerà le sue decisioni future e molto altro ancora.

Basti pensare a quanti ragazzi hanno rinunciato allo sport perché gli è stato detto che non avevano abbastanza talento; o viceversa a chi si vanta di capacità che non sono state toccate perché esposto alla forzata autostima dei genitori, che hanno fatto brutta figura davanti ai compagni di classe e ai familiari meno "partigiani".

Quindi, come aumentare la fiducia di tuo figlio senza cadere nell'errore opposto? Soffermiamoci a considerare il significato di questo momento educativo. Non devi allevare campioni in miniatura, devi basare le tue azioni sull'allevare bambini sani, felici, onesti, in grado di non affrontare sfide o difficoltà, amarsi con equilibrio e insegnare loro il rispetto per gli altri.

Sotto i due anni si può parlare della calma di un bambino che è completamente alla mercé di chi lo cura e lo ama. Dal secondo anno il bambino diventa più consapevole delle proprie forze: per questo sente il naturale bisogno di mettersi a camminare, di muovere oggetti intorno a sé, inizia a formarsi un senso di autoefficacia, che pone le basi per sé - stima.

I pensieri più complessi, invece, si formano solo in quattro o cinque anni di vita. In questa fase il bambino inizia a percepire più chiaramente la realtà e inizia ad affrontare i propri limiti e a stabilire contatti con gli altri coetanei.

A partire dai sei anni il processo di sviluppo della fiducia nelle proprie capacità sarà catapultato al di fuori del nucleo familiare e proseguirà anche a scuola, in continua evoluzione fino all'adolescenza (fase particolarmente delicata in cui le relazioni con i bambini avranno un ruolo determinante, anche).

Le 10 "A"

Ecco dieci parole chiave (e lezioni chiave) che iniziano con la lettera A per aumentare la fiducia di tuo figlio.

- Attenzione

Nell'era degli smartphone e dei social network, questa è forse la lezione più urgente da esporre: usa il cellulare quando sei solo, sbriga le tue responsabilità durante l'orario di lavoro, e quando sei con tuo figlio, cerca di dedicarti pienamente a provvedere a loro. Quando ti dedichi a lui/lei, cerca di rispettarlo e di fornirgli del tempo di qualità. Mentre ti parla, non perdere il contatto visivo, chiedigli alcune domande per mostrare interesse e continuare la conversazione. Guardarti e sentire che la tua attenzione è completamente concentrata su di lui lo farà sentire estremamente importante, degno di rispetto e affetto, e ti porterà a forgiare la chiave che apre tutte le porte del cuore: il dialogo vero e profondo.

- Amore (completo e incondizionato)

L'amore è sempre stato il binario su cui gira il mondo. Anche in questo contesto, il punto di partenza assoluto di ogni azione verso i bambini è: l'amore incondizionato. Non importa che tipo di genitore sei: giovane, di mezza età o anziano; sappiamo che la spontaneità, la gioia di vivere e la determinazione sono in se stesse, non possono essere deluse da un numero personale. Quindi il tuo compito è spendere tutte le energie e il tempo che hai per far sentire i bambini amati e accettati così come sono, con i loro difetti e limiti, senza mai mettere in discussione il profondo sentimento che hai per loro.

Non pesare le forme di affetto che usi per paura di essere troppo dolce: il tempo dei baci, degli abbracci, delle coccole non è infinito, approfitta degli anni che hai. Lasceranno il nido prima di quanto pensi, e presto saranno imbarazzati a baciare la guancia davanti ai loro amici.

- Autorità

Le regole dell'infanzia giocano un ruolo che determinerà la persona di domani. Che atteggiamento avrà tuo figlio nei confronti della tassazione? Come ti comporterai se lui disobbedisce?

Oltre a insegnargli il rispetto per i suoi anziani, questo compito avrà anche un ruolo di supporto e protezione. "Se ti dico di stringermi la mano quando attraversiamo i binari, è per il tuo bene". Non ci si può aspettare ribellione perché nostro figlio si fida di noi. Lasciati guidare e correggere. Il giusto numero di restrizioni non tarpa le ali di un bambino, ma lo calma e lo rende più sicuro di sé. Il problema è che spesso si sente parlare dell'importanza delle regole, ma mai abbastanza di quanto sia fondamentale che gli educatori si diano regole coerenti, le facciano rispettare sempre nel tempo e le seguano personalmente con il buon esempio. A questo proposito: se allevi un bambino a mangiare le verdure e poi le butti via prima a tavola, offriresti al bambino un motivo di conflitto, di dubitare dei suoi stessi insegnamenti. Questo da solo rende un adulto veramente autorevole e capace di essere ascoltato. Non dimenticare mai che i bambini sono ottimi osservatori.

- Ascoltando

Questa parola è fortemente correlata all'insegnamento dell'Attenzione. In effetti, non eviterai di fissare lo sguardo sul bambino, ma eviterai mentalmente i tuoi affari. No! Senza ascolto, non c'è attenzione. Concentrarsi sull'interlocutore significa aprire completamente il proprio cuore e concentrarsi su ciò che sta dicendo in silenzio. Non guardarlo: guarda.

Niente ci fa sentire importanti e capiti come qualcuno che ci ascolta. Quindi, se un bambino sta cercando di spiegare qualcosa che è importante per lui, ascoltalo e prestagli attenzione perché ha bisogno di sentire che tieni a lui e ai suoi sentimenti e non giudicarlo o prendere in giro ciò che prova. Se fallisci, non ti cercherà più conforto e, fidati, ti sentirai perso se ciò accade!

- Autoregolamentazione

Quanti di voi si sono sentiti spettatori di un

rimprovero "astratto"? Forse il figlio di un amico, un parente. Concentriamoci sull'andare "dritti al punto": non divagare. Quale delle azioni del bambino è sbagliata e merita un rimprovero? Andiamo al punto e capirà rapidamente perché siamo così seri. "Hai rovinato il gioco del tuo piccolo amico, hai fatto un errore."

È essenziale che il rimprovero sia breve, vista la poca attenzione dei bambini piccoli, e che arrivi subito dopo la loro "colpa": il bambino vive nel costante qui e ora.

• Autoanalisi

Discutere le parole sembra difficile perché ci rivolgiamo ai bambini piccoli, ma in questo caso è usato in un senso pratico molto semplice: con un linguaggio appropriato, lascia che i bambini pensino sempre alle conseguenze delle loro azioni, il che li fa assumere alcune responsabilità senza mentire (se iniziano a impegnarsi in un meccanismo di inganno, inganno e menzogna, continueranno per tutta la vita! Perché avranno troppa paura delle conseguenze se diranno la verità). È importante che capiscano fin da piccoli che ogni gesto ha delle conseguenze, che quelli corretti vengono premiati e quelli sbagliati vengono rimproverati.

- Apprezzamento

In sociologia si parla di una "profezia che si auto avvera". Sai cos'è questo? In sostanza, è una previsione che si materializza e si avvera per il fatto stesso di essere stata espressa. Se tratti tuo figlio come un bambino autonomo e intelligente, sarà molto più facile per lui diventarlo!

Fagli capire sempre che credi in lui, che credi nelle sue capacità, incoraggialo. Niente crea fiducia più della fiducia ricevuta. Devi essere il primo "tifoso" dei tuoi figli, fan instancabili che non lodano senza merito, ma cercano sempre di sottolineare i loro progressi. Mettendo in chiaro che sei orgoglioso di loro e credi fermamente che possono avere successo, si sentiranno apprezzati, amati e crederanno in se stessi. Per non arrendersi, nonostante le difficoltà.

- Autonomia

Nonostante ognuno di noi possa sperare nel proprio cuore che sia sempre “utile” al proprio figlio, è bene incoraggiarlo fin dalla tenera età. Essere autonomi: avere tutte le competenze per essere indipendenti. Inizia dalle cose più piccole, si intensifica nel corso degli anni. Lascia che sperimenti da solo, anche se rischia di sbagliare. Non metterlo sotto una campana di vetro per paura di farsi male o di affrontare fallimenti, ma affidagli invece piccoli compiti di responsabilità che gli facciano capire che ti fidi di lui e della sua capacità di portare a termine il compito. La volontà di proteggerlo ovviamente ci sarà sempre, ma dovrai sempre bilanciarla con la voglia di lasciarlo esplorare, provare nuove attività, fare nuove amicizie.

Sostienilo essendo per lui un punto di riferimento costante, ma non sostituirlo. Il vero aiuto è chi "tifa" per te nonostante i tuoi fallimenti e riesce a farti sapere cosa hai sbagliato e cosa puoi fare per migliorare.

- Asilo

Sebbene le madri lavoratrici abbiano molti vantaggi, arriva sempre un giorno in cui devi tornare al tuo posto. Quando questo momento bussa alla porta, molte mamme si sentono in colpa per aver mandato i propri piccoli all'asilo, ma a discapito di ogni senso di colpa: sappiate che sperimentare diverse figure materne può avere effetti positivi sui bambini. L'asilo nido e la scuola materna offrono ai bambini molti stimoli che consentono loro di entrare in contatto con diversi stili educativi, imparare a destreggiarsi in gruppo e praticare abilità sociali.

- Accettazione delle avversità

Insegna a tuo figlio che nessuno è perfetto, che tutti possono sbagliare, incontrare problemi, avere giorni "no", ma vedendo come rispondi alle difficoltà della vita con nuove soluzioni, gli insegnerai a credere nelle proprie forze e nelle sue capacità di recuperare. “Chi non cade non è buono, chi sa rialzarsi” dice il proverbio: che il bambino provi ad alzarsi da solo: i bambini devono imparare ad affrontare delusioni e sconfitte. Se riescono a risolvere un problema da soli, è normale che cresca la loro autostima, così come il loro desiderio di provare a risolvere di nuovo altri problemi in futuro.

Consiglio pratico: per stabilizzare il loro senso di autostima, insegna ai bambini in modo non aggressivo (senza picchiarli, insultarli o rimproverarli). La violenza e l'umiliazione non sono MAI la risposta! Ad esempio, se il tuo bambino ne colpisce un altro, puoi facilmente prenderlo da parte e spiegargli gentilmente che non devi picchiare nessuno, altrimenti rischi di ferirlo. Se necessario, puoi costringerlo a fare una breve pausa dal gioco per fermarsi e riprendere fiato e riordinare le sue idee.

La favola sull'autostima per bambini

Questa fiaba è tratta dal libro "Maestro, è vano provare, non ce la faccio comunque!". Una fiaba che scalderà il cuore di grandi e piccini affinché comprendano il potere della fede nella propria forza interiore.

Il coraggio di Daniele

-Daniele non sa leggere! Daniele non sa leggere!

-

Questa frase riecheggia nella mente di un bambino di nove anni che frequenta la quarta elementare a Bellinzona. A causa delle sue difficoltà di lettura, i suoi compagni di classe lo prendono in giro perché quando legge davanti a tutti, impiega molto tempo e si blocca molte volte. Quando vede una parola, specialmente una che non ha mai visto prima, deve leggere ogni lettera. Per lui andare a scuola è un incubo. Non ha amici e si sente solo e poco intelligente. Ora si è rassegnato. Non imparerà mai a leggere. Daniele è molto triste perché vorrebbe leggere i suoi fumetti preferiti di Topolino senza chiedere aiuto a sua madre. Inoltre, mi piacerebbe avere un vero amico.

Un mercoledì pomeriggio, invece di chiudersi in casa davanti alla televisione, decide di recarsi nella nuova biblioteca di Locarno, a cercare nuovi fumetti su Topolino, che sua madre leggerebbe ad alta voce. Una volta che arriva tra gli scaffali pieni di libri e riviste colorati, diventa molto triste. Non importa quanto siano belle le storie di questi taccuini, non sarà mai in grado di leggerle. Così in mezzo a questi magnifici scaffali, Daniele inizia a piangere. Mentre sta piangendo, una bella anziana signora si avvicina e gli chiede gentilmente:

-Perché stai piangendo? -

- Non sto piangendo, sono allergico al polline... - difende il ragazzo.

- Dai - continua la vecchietta con atteggiamento amichevole - non mentirmi! Riesco a vedere molto bene attraverso i miei occhiali! Sai, fino a qualche anno fa ero quasi cieco e la gente mi prendeva in giro perché mi schiantavo ovunque. Fortunatamente, un ottimo oftalmologo mi ha restituito la vista attraverso

un complicato intervento chirurgico e questi occhiali. Qual è il tuo problema? -

Daniele, sorpreso dal racconto della signora, dice:

-Sono solo, triste e i miei compagni di classe mi prendono in giro perché non so leggere bene-

-Sono così dispiaciuto per te. Conosco bene questo tipo di situazione perché sono stato anche preso in giro. Sai, ci sono anche amici intelligenti e sensibili che ti aiuteranno, proprio come è successo a me. Ma non devi tacere: è il peggio, la signora lo conforta

-Chi è malato? - chiede una bellissima giovane donna di nome Matilde.

-Io...- risponde timidamente Daniele, che aggiunge: -Ma soprattutto sono triste-

- Dimmi tutto, il mio lavoro è aiutare le persone - dice Matilde, che di professione fa l'infermiera.

E il ragazzino comincia a parlare. Le dice che non può più sopportare una vita di solitudine e tristezza, aggiungendo con rabbia che le sue difficoltà di lettura non sono un buon motivo per diventare lo zimbello di tutti! Singhiozzando dice:

-Il mio sogno è diventare uno scrittore famoso e leggere tutti i fumetti di Topolino. Se potessi farlo, mi vendicherei bene di tutti i miei cattivi compagni! -.

Matilde, commossa dal suo racconto, dice:

-Perché non ti impegni a superare le tue difficoltà di lettura invece di ossessionarti per l'avanti e indietro? Con amore sei un vincitore per tutta la vita! - E, senza aggiungere altro, lo abbraccia.

Daniele si scioglie a questo gesto: nessuno può conoscere l'amore se non è stato amato!

-Ci proverò,- risponde Daniele, sicuro che stia parlando solo con Matilde, che già considerava un'amica. Ma si accorge che il dialogo è stato ascoltato dal signor Dario, che sembra commosso:

-Ciao, Daniel! Non preoccuparti: non sono curioso. Ho visto, sentito e capito tutto. Conosco il tuo dolore e la tua solitudine, ma so che non dobbiamo cedere a questi sentimenti. Anche nei momenti più bui, dobbiamo mantenere vivo il fuoco della speranza e dell'amore e continuare a combattere. Secondo me dovresti farlo, come stanno facendo mia cognata e i miei nipoti, che stanno affrontando così dolorosamente la morte del padre... -

- In effetti, siamo in tanti a soffrire... - ammette Daniele - ma non è certo facile essere sempre coraggiosi. Ho paura. - confessare.

-Capisco, ma la paura e la speranza sono buone compagne-

Daniele torna a casa cambiato, sente di nuovo

battere il cuore e con rinnovata energia porta a termine il compito di lettura e comprensione assegnatogli dal suo maestro senza scoraggiarsi. Sogna di essere tra i primi, nel coraggio, nella generosità, e di diventare un grande scrittore.

Il giorno dopo, la scuola di Bellinzona, chissà come, chissà perché, prende fuoco. Si risolvono tutti facilmente, ma la classe di sopra di Daniele ha dei problemi. L'ultimo a salvarsi è Daniele, già mezzo soffocato dal fuoco. Ma quello che succede è che la dolce e bella Alissa, di cui Daniele è innamorato, rimane intrappolata tra le fiamme. Il ragazzo torna istintivamente nell'edificio in fiamme e si precipita a salvare la sua amata. La trova subito, rannicchiata sotto il bancone, spaventata e tremante. Daniele non perde tempo, la abbraccia e insieme lasciano la scuola. Quell'abbraccio e quel coraggio non solo salveranno Alyssa, ma li terranno insieme per il resto della loro vita.

Da quel giorno la vita di Daniele cambiò radicalmente. Grazie ai preziosi consigli della vecchia signora, Matilda e Dario, il ragazzo inizia ad arrendersi ea lottare risolutamente per risolvere il suo problema di lettura. È aiutato da Alissa, che pazientemente lo aiuta a imparare a leggere. Passano interi pomeriggi insieme a leggere le avventure dei loro eroi preferiti, e Daniele inizia piano piano a leggere più velocemente e in modo più scorrevole.

I suoi compagni di classe smettono di prenderlo in giro, ma soprattutto dopo la grande prova di coraggio che ha mostrato durante l'incendio, lo rispettano e lo onorano. Da questa esperienza Daniele ha imparato che nella vita si vince sempre con coraggio e dedizione. Daniele un giorno diventerà un grande scrittore e grazie alla sua penna tanti bambini potranno dare libero sfogo alla loro fantasia.

7

RELAZIONARSI CON GLI ALTRI E SMETTERE DI CRITICARE

È giunto il momento di fare un esame di coscienza.

Abbiamo già scoperto come il mondo esterno condiziona il nostro buon umore e mina la nostra autostima (soprattutto quando i giudizi negativi provengono da persone che rispettiamo).

E se fossimo noi a parlare in giro e a sparare frasi che calpestano il cuore e la certezza di un conoscente o di una persona cara?

Ci hai mai pensato?

Stai sempre attento a soppesare attentamente le tue parole per non nuocere a nulla? O hai mai, in una brutta giornata, respirato attraverso la bocca senza collegare correttamente il cervello?

Ognuno deve fare la sua parte. Tutti hanno

bisogno di imparare l'atteggiamento e la comunicazione adeguati per evitare di essere l'epicentro di un terremoto che si estende per miglia e miglia e appiattisce tutto al suolo.

In questa epoca, i "leoni della tastiera" sono predatori affamati alla ricerca del soggetto più debole da molestare e lapidare nel mercato sociale "pubblico e virtuale". Tuttavia, la critica e l'arroganza sono diffuse anche nelle uscite sociali e durante i normali conflitti.

Ora questo è diventato un problema molto serio: tutti sembrano dover dare la propria opinione su tutto, anche se non gli è stato chiesto espressamente o non conoscono a fondo. Stiamo parlando di voci; parliamo per luoghi comuni; parliamo per essere notati... Quando, il più delle volte, faremmo una migliore impressione tacendo e limitandoci all'ascolto.

Contrariamente alla credenza popolare, criticare non aiuta le persone. Le critiche immotivate, né costruttive né mediate, mettono a dura prova le relazioni e chi critica ingiustamente perde inevitabilmente il rispetto dell'interlocutore e di tutti i presenti. È una situazione vantaggiosa per tutti. Nessun vincitore, solo perdente.

... Vuoi migliorare te stesso in relazione agli altri

e, di conseguenza, alla società? Diamo un'occhiata ai punti su cui dobbiamo concentrarci:

Passo uno: Cambiare il proprio atteggiamento

- Concentrati sulle cose positive

Spesso siamo volontariamente critici. Dipende da come SCEGLIIAMO di vedere una determinata situazione. Sappiamo che ognuno ha i suoi difetti e le sue imperfezioni. Tuttavia, il più delle volte, le persone hanno punti di forza che superano le loro debolezze. Cerca di essere più imparziale, anche se la persona non ti piace molto, e subito dopo concentrati maggiormente sugli aspetti positivi e ignora quelli negativi. Un atteggiamento positivo e proattivo può cambiare la tua risposta allo stress e alle provocazioni. Le emozioni più spiacevoli agiscono sull'amigdala, scatenando stress e ansia. La tensione e l'agitazione possono portarti a interagire male con gli altri. Quindi, se ti impegni in un atteggiamento positivo, alla fine smetterai di criticare gli altri. È facile, devi solo abituare il tuo cervello alla nuova vista!

Ricorda che ognuno di noi ha una certa quantità di bontà. Anche il peggior criminale del mondo. Cerca di non essere scettico al riguardo: cerca di dare alle persone il beneficio del dubbio. Togliti di mezzo e cerca di vedere e apprezzare il bene negli altri. Spesso gli errori delle persone dipendono in realtà da qualche merito. Ad esempio, il tuo partner potrebbe impiegare molto tempo per completare le semplici faccende domestiche perché è più puntuale delle altre persone. Potrebbe dedicare altri 20 minuti a lavare i piatti perché vuole che siano perfettamente puliti e immacolati. Anche se potresti essere infastidito nel sentire tutta quell'acqua scorrere e vorresti che potesse raggiungerti a letto il prima possibile: apprezza quel lato! Questa è in realtà una virtù, perché le piace prendersi cura della tua casa, del tuo nido.

- Pensa prima di parlare

Rendilo il tuo mantra! Prima di criticare, prenditi una pausa e pensa se hai bisogno di parlare di un argomento (che, come accennato in precedenza, potresti non sapere davvero). Se qualcuno ti ha fatto incazzare, hai davvero bisogno di tirarlo fuori? Quanto è pressante la provocazione che ti ha "lanciato"? Sei sicuro di non riuscire a ingoiare un rospo, risparmiare molte parole e ridere? A volte è meglio lasciare che le sciocchezze scivolino e andare avanti come se nulla fosse. Prova a fare qualche respiro profondo e invece di criticare, allontanati.

Ricorda che è sempre meglio non giudicare gli altri a livello caratteriale. Le persone non hanno molto controllo sulle loro esplosioni di rabbia. Se un amico tende a diventare ossessivo riguardo ai propri interessi, potrebbe essere meglio se sorrida e annuisca quando parla appassionatamente del suo programma televisivo preferito. Se questa è la sua abitudine, di certo non cambierai il suo comportamento criticandola! E perché allora imporre "il tuo modo corretto di trascorrere il tuo tempo libero"? Anche tu ti divertirai con frivolezze che molti non condivideranno. Ma cosa c'è di sbagliato in questo? Il mondo è bello perché è vario. Pertanto, evita di giudicare il comportamento degli altri in base al loro carattere. Ad esempio, il problema potrebbe essere che il tuo partner si dimentica di pagare la bolletta del telefono in tempo ogni mese. Ma non serve dirgli: "Perché sei così sbadato?". Forse dovresti stare zitto per un momento e parlare più tardi quando ti calmi. In questo modo troverai una soluzione per gestire il pagamento delle bollette, ad esempio scaricando sul tuo telefono un'applicazione che ti ricorda quando è il momento. I fatti parlano più delle parole. Capisci chi hai di fronte: riconosci il suo carattere, emotivo, ecc. carenze. E senza farglielo sapere, sii proattivo! Vai avanti e riempi quelle lacune senza costringerlo a farlo. Capirà anche che lo stai aiutando a migliorare.

- Sii realista

Spesso, le persone più critiche hanno richieste troppo elevate da parte di coloro che le circondano. È possibile che la tua tendenza a criticare derivi dal fatto che ti aspetti molto da chi ti circonda. Se ritieni che gli altri ti infastidiscano o ti deludano costantemente, forse dovresti abbassare un po' le tue aspettative. Questo non significa accettare passivamente ogni situazione!

Ora ti invito a pensare all'ultima volta che hai criticato qualcuno. È passato molto tempo o solo poche ore? Da dove viene questa critica? Le sue aspettative sulla situazione erano realistiche?

Diciamo che hai rimproverato la tua ragazza per non aver risposto ai tuoi messaggi WhatsApp in tempo, anche se sapeva che stava uscendo con i suoi amici. Sottolinei che ti sei sentito trascurato e che preferiresti che ti rispondesse immediatamente. Prenditi un momento per mettere in pausa e valutare le tue affermazioni. Puoi davvero aspettarti che la tua ragazza ti parli al telefono quando è con i suoi amici? Non ha diritto a una vita sociale al di fuori della tua relazione? Sa benissimo che un simile comportamento in pubblico è sinonimo di scortesia. Anche tu probabilmente ignoreresti molti dei suoi messaggi o risponderesti in ritardo se fossi occupato. In questo caso, potrebbe essere meglio abbassare le aspettative. Non è ragionevole aspettarsi una risposta immediata a un messaggio quando sappiamo che il destinatario è con altre persone.

- Considera le persone indipendentemente dalle loro azioni

Chi critica spesso vede le cose in parte. Come guardare un'immagine a metà senza capire il design nella sua interezza. Ignorando il messaggio che l'autore voleva trasmettere all'osservatore. E su quale lato si concentra? Ovviamente solo sui lati negativi perché TU vuoi vedere. Non gli interessa nient'altro. Questo atteggiamento può portarlo a criticare gli altri. Se hai dei preconcetti sul carattere di qualcuno, fermati. Cerca di separare il comportamento frustrante dalla persona che lo pratica. Nessuno lavora senza rimprovero, ma un solo gesto non riflette la complessità caratteriale del suo autore. Non essere drastico nei tuoi giudizi. Se vedi qualcuno che manca di rispetto alla coda, credi immediatamente che sia scortese? Se la tua risposta è sì, fermati un momento e analizza la situazione in modo più dettagliato. Come facciamo a sapere che non ha fretta, non ha troppe cose per la testa e non si è reso conto di aver saltato il traguardo? Non abbiamo modo di saperlo a meno che non dichiari le sue motivazioni. Quanto a te, è comprensibile che tu sia deluso. Questo tipo di comportamento è fastidioso per chiunque ne soffra, soprattutto se sei la prima persona che va di fretta o ti sei svegliato con una brutta luna. Ma non cercare di giudicare personalmente un estraneo sulla base di un solo gesto. Se prendi l'abitudine di distinguere le persone dalle loro azioni, svilupperai automaticamente un atteggiamento meno critico. Una volta compreso che non puoi giudicare il carattere di una persona in base a una singola scelta o decisione, non la etichetti più come scortese o irrispettosa.

- Non prendere sul personale il comportamento degli altri

Perché prendere tutto ciò che accade e ti viene detto personalmente? Vivi con più calma e, di conseguenza, lascia andare alcuni comportamenti "ingiusti" degli altri. Potresti essere incline a criticare coloro che ti danno sui nervi o ti causano problemi. In ogni caso, ricorda che ognuno ha la propria vita e i propri problemi. Combatte la sua stessa battaglia ogni giorno. Solo perché il comportamento di qualcuno ti infastidisce, non significa che lo faccia quasi sempre apposta. Ad esempio, supponiamo che uno dei tuoi amici abbia l'abitudine di rovinare i tuoi piani. Potresti vedere il suo atteggiamento come una mancanza di rispetto e sentirti obbligato a rimproverarlo per non aver dato importanza alla tua relazione. Ma se ci pensi obiettivamente, potresti renderti conto che la sua negligenza non ha nulla di personale su di te e che anche lui è devastato dal fatto di dover annullare i suoi impegni con te! Guarda la situazione da una prospettiva esterna. Il tuo amico è impegnato? È inaffidabile con tutti? Sei più introverso degli altri? Tieni presente che possono esserci molte ragioni e fattori al di fuori del tuo controllo per l'annullamento dei programmi. Pertanto, è molto probabile che non abbia nulla a che fare con te personalmente. Criticando rischi di aggiungere più stress a chi è già stressato.

Passo 2: Comunicare in modo efficace

Quante volte abbiamo acceso un dibattito semplicemente esprimendoci in modo vago e adeguato al contesto? Quante volte un tono di voce ha influenzato un malinteso che si è intensificato fino al punto di perdere il controllo?

La comunicazione è ciò che ci separa dagli animali. Ma per apprezzare il dono che ci è stato fatto, dobbiamo anche saperlo gestire senza lasciarci sopraffare dalla rabbia, dallo stress, dalla gelosia, dal risentimento, ecc.

Nella vita di tutti i giorni sappiamo che non è facile, soprattutto per chi ha un carattere indisciplinato e istintivo. Tuttavia, siamo animali sociali e quindi abbiamo bisogno di vivere in pace con gli altri. Parlare, saper comunicare le proprie emozioni (positive o negative) ha un effetto positivo su ogni relazione in cui ci esponiamo. Ma come sai, ci vuole un momento per disabilitare la "costruzione della fiducia" e farla a pezzi. Per evitare queste spiacevoli situazioni, le cui ferite poi ci portiamo nel cuore, studiamo insieme alcune medicine che ci "scatteranno" poco prima dell'esplosione.

- Trova una soluzione a diversi tipi di problemi che porteranno tutto

Soprattutto se sei abbastanza fortunato da condividere il tuo tempo libero con un folto gruppo di amici, ti consiglio di dedicarti alla risoluzione dei problemi. È un ottimo modo per calmare i nervi quando discuti appassionatamente su dove andare a bere una birra o visitare in una luminosa domenica pomeriggio. Cerca di capire le critiche e le opinioni dei partecipanti e assicurati di proporre una soluzione che soddisfi le idee di tutti. Un atteggiamento puramente critico di per sé non porta da nessuna parte. Usa le tue capacità comunicative e di ascolto per moderare i toni eventualmente eccitati dei tuoi amici e cercare di diffondere serenità ed equilibrio. Non puntare il dito contro nessuno, tanto meno adotta il punto di vista di un altro. Sii imparziale e non imporre il tuo punto di vista.

Torniamo all'esempio del partner. Forse vuoi che sia più specifico. Indicagli con calma quali sono i "rituali" durante la preparazione su cui è abituato a soffermarsi inutilmente, e spiegagli come potresti accelerare il processo.

Dovresti anche essere disposto a scendere a compromessi dalla tua parte. Ad esempio, se il tuo desiderio è arrivare alla festa mezz'ora prima dell'inizio, è un po' esagerato. Forse potresti accettare di arrivare con 10-15 minuti di anticipo e dare al tuo partner, che sta già impazzendo, del tempo prezioso.

- Esprimi la tua opinione invece di criticare

Come accennato in precedenza, in alcuni casi le persone hanno problemi che sarebbero affrontati meglio se fossero trattati in modo appropriato piuttosto che giudicati. Forse un amico che è in ritardo con il pagamento delle bollette ha bisogno di consigli su come gestire una famiglia; un collega mai puntuale alle riunioni di lavoro deve imparare a gestire al meglio il proprio tempo, a calcolare gli impegni indimostrabili, le trasferte in ufficio, le pause e gli imprevisti. L'opinione è molto diversa dalla critica. Quando si tratta di risolvere un problema, pensa a quali consigli potresti dare a qualcuno per aiutarlo a migliorare (lo apprezzi quando succede a te, vero?). Questa è una relazione più efficace della semplice critica. Le persone tendono a rispondere meglio se affrontate in modo costruttivo, con consigli e un po' di incoraggiamento, rispetto a quando ricevono critiche inflessibili che ignorano molti aspetti che non conosciamo se non ci fermiamo alle spiegazioni dell'interlocutore.

Torniamo all'esempio precedente. Ogni mese il tuo partner dimentica puntualmente di pagare la bolletta del telefono. Questa situazione genera inutili tensioni e comincia a compromettere la sua solvibilità. Probabilmente arriverai a dirgli: "Perché non fai più attenzione alle bollette?" Oppure: "Perché non ricordi quando devi pagarle?", ma non è detto che sia efficace. Il tuo ragazzo sa già che deve essere più responsabile, ma per vari motivi ha difficoltà. Al contrario, offrigli un parere lodando i suoi sforzi tesi a trovare una soluzione. Ad esempio, potresti dirgli: "Apprezzo che tu stia cercando di essere più responsabile. Perché non vai in cartoleria e ti procuri un calendario? Quando arriverà la bolletta del telefono, potrai segnare la data utile entro la quale va pagata". Prova anche a proporgli altre possibili soluzioni. Ad esempio: "Posso ricordarti di scrivere quando bisogna pagare la bolletta ogni mese".

- Esprimiti. Situazioni difficili sorgono prima o poi in ogni relazione

Se qualcuno ti sta facendo del male o ti rende nervoso, parlagliene apertamente. Non perdere tempo e mettilo in cattiva luce con chi non è coinvolto: non è questa la soluzione! Invece di criticare, spiega il problema parlando in prima persona. Questo ti permetterà di concentrarti sul tuo umore invece di giudicarlo o biasimarlo. Sai che le cose si fanno sempre in coppia.

Una frase in prima persona inizia con: "Sento / ho l'impressione" e continua a spiegare l'umore di chi parla, seguito dal comportamento che ha causato alcuni sentimenti spiacevoli. Infine, conclude illustrando le ragioni dello stato d'animo espresso all'inizio. Diamo un'occhiata a un esempio: diciamo che sei arrabbiato perché il tuo partner ha trascorso gli ultimi fine settimana con gli amici. Non dire: "È così frustrante che esci sempre con i tuoi amici senza invitarmi. Mi hai sempre salvato". Riformula questo pensiero parlando in prima persona. Potresti dire: "Mi sento escluso quando esci con gli amici e non mi inviti perché non mi sembra che passiamo molto tempo insieme".

- Chiedi direttamente quello che vuoi

Le cause della cattiva comunicazione sono critiche severe. Se non esprimi quello che vuoi, non puoi aspettarti che l'altra persona lo sappia. Cerca di dire quello che vuoi dire direttamente, ma rispettosamente, senza mai offendere l'interlocutore, che altrimenti risponderà a tono, sfociando in una discussione incontrollata e del tutto inutile.

Così, la necessità di criticare finirà per scomparire. Diciamo che il tuo partner dimentica regolarmente di lavare le posate dopo l'uso. Invece di accumulare rabbia e frustrazione, con il rischio di innescare in futuro aspri rimproveri, affronta subito il problema nel rispetto dell'altro. Non dire: "Smettila di mettere le forchette sporche nel lavandino. Mi sta facendo impazzire. Lavale e basta". Invece, prova a dire qualcosa del tipo: "Potresti lavare le forchette dopo averle usate? Ne ho notate molte nel lavandino".

- Considera il punto di vista dell'altra parte

Giudizi e critiche vanno di pari passo. Se critichi gli altri troppo spesso, rischi di inibirli. Prova a metterti nei panni dell'altra persona prima di criticarla. Vuoi ricevere questo avviso? Dovrebbe essere formulato in modo diverso? Potresti biasimarmi? Cerca di vedere le cose onestamente dal SUO punto di vista. Pensa a cosa dirai. Come ti sentiresti se ricevessi tali critiche? Anche se c'è del vero in quello che dici, puoi esprimerlo in un modo che sarà accettato? Ad esempio, se il tuo partner è sempre in ritardo, probabilmente ti sentirai giustificato nel dire: "Mi manchi di rispetto perché sei sempre in ritardo". Probabilmente non ha quell'intenzione e invece si sente attaccato da una critica così formulata. Cosa diresti se ti confrontassi con questa critica?

Inoltre, cerca sempre di espandere la tua mente. Guarda l'intero quadro, non la metà. Considera i fattori esterni che influenzano determinati comportamenti. Diciamo che il tuo migliore amico è stato meno presente ultimamente. Forse non ha risposto subito ai tuoi messaggi, o forse era piuttosto silenziosa. Ti è successo qualcosa che ha cambiato il tuo comportamento? Ad esempio, potresti sapere che è stressato dal lavoro o dalla scuola. Forse è difficile per lei dopo aver rotto con il suo ragazzo. Tutto ciò potrebbe compromettere la sua capacità o il desiderio di stare con le persone. Cerca di capire e non saltare alle conclusioni.

8

DALLA TEORIA ALLA PRATICA: ESERCIZI PER MIGLIORARE L'AUTOSTIMA

Migliorare la fiducia in se stessi

Uno dei fattori chiave di una vita felice e realizzata è una buona immagine di sé. Se ci amiamo e ci apprezziamo a vicenda, possiamo godere appieno delle esperienze che abbiamo, raggiungere più facilmente i nostri obiettivi e compiti desiderati e vivere una vita ricca e appagante nelle relazioni. Ma cosa significa avere una buona autostima? Conoscere te stesso, i tuoi limiti e le tue qualità, accettarti in tutti gli aspetti, prenderti cura di te stesso e lavorare ogni giorno per meritarti veramente ciò che desideri ed essere felice.

Come abbiamo già detto, una buona autostima ci

permette anche di avere relazioni sane e durature, che ci rendono persone migliori e ci arricchiscono ogni giorno. Ma è possibile aumentare la fiducia in se stessi o è impossibile? Niente paura, esistono metodi efficaci che possono insegnarci ad amarci, ad essere sempre più consapevoli di chi siamo e del potenziale che abbiamo dentro di noi. In definitiva, si tratta di indossare le lenti giuste, vederti nel modo giusto, non sminuirti o filtrare tutto attraverso uno sfondo negativo o giudicante.

Ma come aumentare la fiducia in se stessi? Innanzitutto è importante dire che per questo è necessario prestare attenzione a se stessi ogni giorno, abituarsi a prendersi cura di sé in modo corretto e iniziare a pensare in modo più virtuoso e positivo. In pratica si tratta di un percorso ricco e appagante che ci aiuterà gradualmente a salire la scala dell'autostima fino a raggiungere la vera conoscenza e consapevolezza di sé. Ecco 8 esercizi per aumentare la tua fiducia e imparare ad amarti per vivere una vita serena e realizzata.

- Fai una lista delle tue qualità

Prendi carta e penna e fai un elenco delle tue qualità. Fai questo esercizio in un momento tranquillo: rilassati e cerca di concentrarti sugli aspetti positivi di te stesso e del tuo carattere. Cerca di trovare almeno 5 aggettivi o qualità e non essere troppo duro con te stesso: datti la possibilità di vedere il buono in te stesso. È un esercizio utile per riconoscere le parti positive di noi stessi che spesso non vediamo o dimentichiamo di avere, e per concentrarci su difetti, difetti e imperfezioni. Scrivi l'elenco su un pezzo di carta e attaccalo in un posto dove lo vedrai spesso: nel diario, sulla scrivania, sulla porta della tua camera da letto, ovunque, purché ricordi spesso cosa c'è di meglio in te.

- Ricorda alcuni dei successi che hai ottenuto nella tua vita

Oltre ad essere consapevoli delle proprie qualità, è bene anche concentrarsi sui successi raggiunti e sulle cose positive raggiunte negli anni per accrescere la propria autostima. Pensa a una pietra miliare del tuo passato, un passo di cui sei particolarmente orgoglioso, un'azione che ti ha reso orgoglioso. Spesso lo dimentichiamo, ma è bene ricordare tutti i piccoli passi che abbiamo fatto nel tempo e le piccole grandi vittorie che ci hanno reso quello che siamo oggi.

. . .

- Ricorda i momenti e gli episodi in cui sei stato felice e soddisfatto

Se vuoi aumentare la tua fiducia, devi far circolare energia positiva. Ricorda i tempi in cui eri felice. Prova a pensare a dove eri, chi eri e cosa stavi facendo. Goditi queste sensazioni e cerca di inserirle il più possibile nella tua routine. Se vuoi aumentare la fiducia in te stesso e il tuo amor proprio, devi fare cose che ami e che ti facciano sentire bene!

- Ogni sera prima di andare a letto, annota 2/3 delle situazioni che ci hanno fatto stare bene durante la giornata

Tieni un taccuino sul comodino e ogni sera prima di andare a dormire, annota 2-3 situazioni in cui ti sei divertito durante la giornata appena trascorsa. Possono essere piccoli e insignificanti: l'importante è concentrarsi su un'immagine di sé positiva. In questo modo ti addormenterai con pensieri dolci e positivi, che influenzeranno anche il tuo riposo e i sentimenti ad esso associati. È molto importante pensare positivo prima di cadere nelle mani di Morpheus: perché non provarci.

. . .

- Spesso facciamo qualcosa che amiamo e sappiamo fare bene

Per una maggiore sicurezza, inizia con le cose che ami e in cui sei bravo! Fai un elenco delle cose e delle attività che ti piacciono e in cui sei bravo e falle in modo coerente. Rendili il più possibile parte della tua routine e non trascurarli mai. Possono essere piccoli gesti, ma hanno un effetto positivo sul tuo umore e ti aiutano a percepirti positivamente. Che si tratti di cucinare, fare giardinaggio, leggere o semplicemente fare una doccia rilassante con la tua musica preferita in sottofondo, ne vale la pena se l'obiettivo è coccolarti e ricordare il piacere di svolgere con successo attività divertenti.

- Creare ogni giorno una piccola nuova abitudine

Per credere in voi stessi e aumentare la fiducia in voi stessi, dovete affrontare piccoli ostacoli che possono costarvi un po' di fatica ma che, se superati, vi aiuteranno ad aumentare la fiducia in voi stessi e a rendervi più invincibili. Ogni giorno, fate qualcosa che vi faccia sentire un po' a disagio e timorosi: uscire dalla vostra zona di comfort è il primo passo per sentirsi bene e avere più fiducia in se stessi. Ponetevi delle piccole sfide quotidiane da superare e lasciatevi stupire. Il cambiamento vi restituisce un'immagine positiva e vi ricorda il coraggio che avete dimostrato e che potete dimostrare se lo volete davvero!

- Impara ad amare la tua figura con piccoli esercizi allo specchio

Amarsi e accettarsi, con i propri punti di forza e di debolezza, è un'altra regola fondamentale per raggiungere una buona autostima. Trasforma lo specchio da temibile nemico in un alleato clemente e amico fidato. Per prima cosa, guardati allo specchio e osserva il tuo viso, quindi concentrati sulla tua figura. Quali sono i suoi sentimenti? Cosa ti piace di te stesso? E cosa trovi difficile da accettare? Considera quest'ultimo. Guardali con occhio meno critico e più indulgente, con un velo di tenerezza: anche in questi aspetti sei tu. Accettali e sorridi. Allo stesso tempo, ripeti la frase: queste sono le parti di me che mi sono sempre piaciute di meno, ma sono mie e le amo comunque, le accetto comunque!

. . .

- Ogni giorno scrivi tre cose per cui sei grato

La gratitudine aiuta a moltiplicare la gioia ea far circolare energia positiva e virtuosa. Concentrarsi sulle cose buone che abbiamo e per le quali siamo grati attira solo pensieri positivi che si trasformano in gesti e azioni piene di felicità. In effetti, spesso ci concentriamo su ciò che ci manca o sulle cose negative che ci circondano: questo è un errore! Invece, cerca di ricordare tutte le cose positive che hai. Ogni giorno, preferibilmente la sera, ricorda a te stesso tre cose per cui sei grato: possono essere piccole e apparentemente insignificanti. Crea il tuo diario della gratitudine: aggiornalo quotidianamente e, se sei giù, aprilo e sfoglialo per ricordarti quanta bellezza ti circonda!

Aumenta la tua fiducia e migliora il tuo benessere quotidiano e le tue relazioni in 4 semplici e veloci passaggi. Ci siamo sentiti tutti insicuri e inadeguati per una situazione almeno una volta. Questo non è solo naturale, ma è spesso una risorsa preziosa in quanto può contribuire alla crescita personale e all'ulteriore realizzazione personale. Tuttavia, quando l'autostima è generalmente negativa e spesso ci percepiamo come inadeguati, questo stato d'animo compromette notevolmente la nostra qualità di vita, il nostro benessere quotidiano e le nostre relazioni sociali. La bassa autostima incide negativamente sul lavoro, gli studi, le relazioni e l'autostima, limitando le nostre azioni e scelte. La bassa autostima porta quindi a una situazione paradossale:

Mi sento inadeguato -> quindi non lavoro e non mi sento bene -> conferma di bassa autostima.

Quindi siamo ostacolati dalle nostre stesse convinzioni: questa è la cosiddetta profezia che si auto avvera. Quando otteniamo buoni risultati, invece di cambiare queste convinzioni, giustifichiamo il nostro successo con altre possibili spiegazioni: fortuna, aiuto esterno, il giorno giusto. Cosa possiamo fare per evitare di diventare vittime di noi stessi? Come aumentare la fiducia in se stessi? Non è certo un compito facile, ma è necessario rendersi conto che si tratta di qualcosa che sta cambiando, che può essere cambiato e migliorato. Come migliorare la fiducia in se stessi?

- Considera i tuoi punti di forza.

Seligman crede che il primo passo nel processo di costruzione dell'autostima sia riconoscere il proprio potenziale, i propri punti di forza e le proprie virtù. Le persone con bassa autostima tendono a non essere consapevoli delle proprie risorse, ad incolpare facilmente e spesso sono più indulgenti nel giudicare gli altri di se stesse.

Esercizio: ogni sera prima di andare a letto, annota su un quaderno 3 cose che ti sono piaciute durante la giornata. Possono essere molto semplici, come se avessi aiutato qualcuno. Leggi di nuovo l'elenco la mattina successiva.

- Stabilisci piccoli obiettivi

Spesso ci poniamo grandi obiettivi e abbiamo ambizioni poco concrete e per nulla realistiche. Se questi macro obiettivi possono essere scomposti in tanti piccoli obiettivi da raggiungere, non solo è più facile, ma è anche fondamentale acquisire un'immagine positiva di sé e aumentare l'autostima.

Esercizio: scrivi un elenco di almeno cinque obiettivi che vuoi raggiungere. Classificali dal più difficile al più facile. Fissati l'obiettivo più semplice e prova a scomporlo in 10 piccoli passi. Solo quando raggiungi uno stadio (e lo ripeti almeno tre volte) passa al successivo. Utilizzare questo metodo per tutte le destinazioni nell'elenco.

. . .

- Non aver paura del fallimento

La paura del fallimento spesso ci impedisce di avere successo. La paura ci costringe a evitare, il che rafforza solo la paura e ci impedisce di crescere. Quando ci proviamo e qualcosa va storto, è importante cambiare il modo in cui valutiamo ciò che è successo. Dobbiamo sempre tenere presente che il fallimento, per quanto doloroso possa essere, ha una funzione molto importante, perché è solo attraverso i tentativi (e quindi anche i fallimenti) che si attiva il processo di auto-miglioramento. Quando le cose vanno male, è quindi fondamentale sviluppare pensieri meno distruttivi e più funzionali.

Esercizio: se pensi di aver commesso un errore, invece di dire a te stesso: "Sono incompetente, non posso fare niente", cambia idea e dì a te stesso: "Ho fatto un errore". Cosa avrei potuto fare di diverso? Quali fattori hanno causato l'errore? Cosa potrei cambiare la prossima volta?". Se ti accorgi di essere molto duro con te stesso, prova a chiederti: "Come valuterei questo se l'altra persona lo facesse? Saresti ancora così severo?".

- Inizia a fare cambiamenti concreti nelle tue azioni quotidiane

Come puoi apprezzare di più se non provi a migliorare? Questo non significa una ricerca ossessiva della perfezione, ma perseguire interessi e passioni che alimentano la tua personalità, mentre la cura delle tue relazioni e del tuo aspetto fisico ti permette di creare una migliore immagine mentale di te stesso e costruire la tua autostima.

Esercizio: ogni mattina scrivi un elenco di cose che faresti se fossi più sicuro. Quali attività faresti? Come ti vestiresti? Come tratteresti gli altri? Dopo una settimana, continua la pratica: agisci ogni giorno come se fossi davvero una persona più sicura di te. Fai questo test per circa una settimana e poi valuta gli effetti.

Certo, questi sono solo alcuni spunti e consigli pratici che possono aiutarti a capire quale strada intraprendere per una maggiore fiducia in te stesso, ma è chiaro che devi intraprendere un percorso graduale e non sempre facile, fatto di ostacoli e sfide quotidiane. alti e bassi, per formare e consolidare una buona (ma non perfetta) immagine di sé. A volte, infatti, basta eseguire questi trucchi con entusiasmo e tenacia per notare un cambiamento nella fiducia in se stessi e ottenere una maggiore fiducia in se stessi. A volte affrontare un professionista esperto può essere l'unica via d'uscita da un vicolo cieco che dura da troppo tempo.

CONCLUSIONE

Ora abbiamo davvero la chiave per aumentare la nostra autostima. Ma prima di finire, vorrei dare alcuni consigli finali. Questo è l'ultimo, indispensabile passo per imparare a destreggiarsi nella società e vivere con maggiore serenità. Con il passare degli anni, ti renderai conto dell'inutilità di spargere sangue amaro per chiunque ti abbia fatto un torto o fatto un commento indelicato. Su cosa dovresti concentrarti:

- Prova a sistemarti

Un altro errore molto comune e decisamente sconsigliato è quello di trasferire le tue tensioni emotive a chi ti circonda (che di solito sono coloro che ti amano). Se non sei soddisfatto del tuo lavoro, della tua relazione, della tua vita sociale o di altri aspetti della tua vita, prova a risolvere questi problemi da solo. Forse aiutandoti con i suddetti esercizi di meditazione, o facendo lunghe passeggiate all'aria aperta, oppure mettendo penna su carta e annotando i pro ei contro di una situazione spiacevole per chiarire le nostre emozioni confuse. Ma proteggi i tuoi cari dal vortice della negatività! Lo stress causato da una relazione distruttiva può influire sulla tua salute e sul tuo benessere, lasciandoti incapace di gestire lo stress. Questa condizione può peggiorare le relazioni sociali. Impegnarsi a essere una persona più positiva migliorerà le tue relazioni con gli altri. Affronterai le differenze in modo più efficace.

- Metti in discussione i tuoi preconcetti sugli altri

Consideriamo un fatto: ognuno ha pregiudizi sugli altri. Se sono eccessivi e frequenti, c'è il rischio di essere critici su tutto. Quindi prova a chiederti durante il giorno a cosa stai pensando quando ti senti come se stessi spingendo troppo forte la tua mano. Potresti presumere che chiunque si vesta bene o indossi un trucco pesante sia una persona che tiene molto al proprio aspetto. Ma potrebbe essere che sia insicura e si senta meglio con certi vestiti, perché in qualche modo si "nasconde", "si confonde" tra gli altri. Potresti pensare che coloro che non hanno conseguito una laurea siano pigri, immotivati o privi di ambizioni. Tuttavia, probabilmente ha dovuto affrontare problemi economici o di altro tipo nella sua famiglia, che gli hanno impedito di continuare gli studi.

Tutti possono sbagliare. Soprattutto quando si tratta di correre a giudicare qualcuno nelle prime fasi. Quando vedi qualcuno commettere un errore, ricorda i momenti in cui non ti sei comportato bene o non sei stato così impeccabile. Ad esempio, se stai giudicando qualcuno per averti sorpassato a un incrocio, pensa a tutte le volte in cui non sei stato così attento durante la guida perché eri di fretta, assonnato o perso nei pensieri.

- Essere informato

Molte persone hanno disturbi nascosti. Prima di giudicare o criticare qualcuno, fermati e considera la possibilità che questa persona abbia una patologia sottile che sta cercando di nascondere. Se un collega sembra scortese perché non si ferma a chattare, potrebbe soffrire di ansia sociale. Se un amico parla sempre di gatti, potrebbe avere un disturbo dello spettro autistico. Se un compagno di classe continua a fare le stesse domande più e più volte, potrebbe avere delle difficoltà di apprendimento. Facendo una domanda di follow-up al momento giusto, eviterai di prendere in giro te stesso se non avessi tatto.

Dai un'occhiata ai siti web che parlano di disabilità nascoste. Prima di pregiudicare qualcuno, ricorda che molte persone lottano con malattie che altri non vedono.

- Vai in terapia se necessario

Se ritieni che la tua tendenza a criticare sia dovuta al fatto che ti senti infelice o insoddisfatto e guardi dall'alto in basso gli altri con invidia, potresti dover cercare una psicoterapia. Ad esempio, disturbi come la depressione possono causare esplosioni di rabbia verso gli altri. La psicoterapia ti permette di entrare in contatto con le tue vere emozioni, gestirle ed essere meno critico. Se pensi di dover andare in terapia, chiedi al tuo medico di rivolgersi a uno specialista. Puoi anche usare Internet per trovarlo. Se stai studiando in un'università, chiedi alla tua università se offre un servizio di consulenza psicologica per gli studenti.

I TERMINI DELL'AUTOSTIMA

Abitudine: una tendenza o un atteggiamento acquisito attraverso esperienze ripetute, ad es. apprendimento. Questo termine di solito si riferisce agli esseri umani, ma può anche riferirsi al comportamento degli animali.

Abulia - incapacità di svolgere e completare attività importanti. Quando l'abulia è abbastanza grave da essere considerata patologica, è diffusa e impedisce a una persona di svolgere molte attività.

Abuso - Utilizzo o elaborazione di qualcosa che causa danni o è illegale. Un sinonimo correlato è abuso.

Adattamento - la capacità di adattarsi all'ambiente fisico e sociale modificando il comportamento in base alle circostanze per creare condizioni in cui l'organismo può soddisfare i propri bisogni e rispondere in modo appropriato alle richieste fisiche e sociali.

Adolescenza - la fase di sviluppo tra i 13 ei 20 anni.

Afasia - un disturbo della comprensione, creazione e comunicazione di idee usando il linguaggio in tutte le sue forme, come leggere, scrivere o parlare. La causa è un danno cerebrale o una malattia dei centri cerebrali che si occupano del linguaggio. Va notato che il danneggiamento di questi centri può anche causare afasia nella produzione del linguaggio dei segni utilizzato dai sordi.

Affettività: emozioni e sentimenti di una persona nel contesto delle sue relazioni sociali, in particolare familiari, emotive e amichevoli, che sono caratterizzate da un'intimità speciale.

Affetto - un modo di comportamento che può essere rilevato dall'osservazione, un'espressione di uno stato emotivo soggettivo. A differenza dell'umore, che si riferisce a uno "stato d'animo" emotivo più diffuso e duraturo, l'affetto si riferisce alla variabilità più fluida dell'"umore" emotivo. La gamma di ciò che è considerata normale espressione di emozioni varia notevolmente sia all'interno che tra le culture.

Agitazione: eccessiva attività motoria associata a una sensazione di tensione interna. L'attività è solitamente improduttiva e ripetitiva e include comportamenti come andatura, agitazione, torcere le braccia, manipolazione dei vestiti e incapacità di sedersi.

Agnosia - incapacità di riconoscere o identificare oggetti e persone mentre le funzioni sensoriali sono intatte; può essere presente in forme di demenza. L'agnosia è quindi un disturbo della percezione.

Agorafobia - fobia di luoghi o situazioni da cui sarebbe difficile (o spiacevole) fuggire, o dove non è disponibile aiuto in caso di attacco di panico o sintomi simili al panico. L'agorafobia può essere un sintomo associato ad altri disturbi o a un disturbo d'ansia indipendente.

Alienazione - Sentirsi estranei (sentirsi "stranieri") in relazione a ciò che si sta facendo e all'ambiente in cui si vive. Spesso sono presenti anche sentimenti di impotenza e ostilità nei confronti dell'ambiente.

Allucinazioni - una percezione che ha un senso convincente della realtà della percezione oggettiva, ma si verifica senza stimolazione esterna dell'organo di senso interessato.

Alogia - Un disturbo mentale che può essere identificato osservando il comportamento relativo alla parola e al linguaggio. Possiamo rispondere alle domande in modo breve e concreto e ridurre la quantità di discorsi spontanei (impoverimento del linguaggio). A volte il discorso è quantitativamente adeguato ma fornisce poche informazioni perché troppo concreto, troppo astratto, ripetitivo o stereotipato (impoverimento del discorso). L'alogia può verificarsi nei disturbi psicotici.

Amnesia - un disturbo episodico della memoria a lungo termine. Sono divisi in retrogradi, quando la perdita di memoria si riferisce a eventi accaduti prima dell'amnesia, e anterogradi, quando la perdita si riferisce a eventi accaduti dopo l'amnesia. Parliamo invece di amnesia globale, quando la perdita di memoria colpisce entrambi gli aspetti.

Amnesia dissociativa - un disturbo dissociativo caratterizzato dall'incapacità di ricordare importanti informazioni personali, solitamente di origine traumatica o stressante, che è troppo forte per essere spiegata da una normale tendenza a dimenticare.

Anedonia - una generale incapacità di godere di attività che in precedenza erano considerate piacevoli. Questo è un sintomo tipico della malattia depressiva.

Anestesia: deterioramento o perdita di sensazioni, solitamente tattili, ma a volte anche altre sensazioni. Può essere uno dei sintomi del disturbo di conversione.

Anoressia – un disturbo alimentare caratterizzato da un peso corporeo estremamente basso, una percezione distorta dell'immagine corporea e una paura ossessiva di ingrassare.

Anosmia - perdita dell'olfatto. Potrebbe essere un sintomo di un disturbo di conversione.

Ansia - comportamento sintomatico nelle persone con disturbo ossessivo-compulsivo in cui la persona non può fare a meno di compiere determinate azioni o avere determinati pensieri.

Ansia - una dolorosa sensazione di profonda debolezza, causata da un'impressione diffusa di un pericolo vago e imminente, davanti al quale una persona si sente impotente e impotente. Questa condizione è accompagnata da sintomi somatici come palpitazioni, sensazione di soffocamento, "nodo in gola", vari tipi di dolore, vertigini, diarrea.

Ansia - uno stato mentale caratterizzato da preoccupazione e una sensazione di terrore che non è associato a nessun particolare stimolo. Si differenzia dalla paura perché è aspecifica e vaga.

Ansia (disturbi) - una classe di disturbi caratterizzati dalla presenza di ansia in un individuo.

Ansioso: causa ansia.

Antidepressivi - un gruppo di farmaci per migliorare l'umore. Portano questo nome perché sono usati principalmente nel trattamento della depressione.

Antipsicotici - Un gruppo di farmaci, noti anche

come neurolettici, la cui funzione è calmare una persona con un disturbo psicotico senza alterare la coscienza. Sono usati per trattare disturbi come la schizofrenia e il disturbo bipolare.

Antisociale (disturbo della personalità) - un disturbo della personalità caratterizzato da mancanza di rispetto generale e violazione dei diritti degli altri, che compare nell'infanzia o nella prima adolescenza e continua nell'età adulta. Questo disturbo è anche chiamato psicopatia, sociopatia o disturbo dissociativo della personalità.

Apatia - uno stato di indifferenza per il mondo che ci circonda. Significa letteralmente senza passione.

Apprendimento - cambiamento del comportamento in base all'esperienza e per un lungo periodo di tempo.

Aprassia: perdita della capacità di eseguire movimenti volontari. Le vittime hanno difficoltà a creare risposte alle richieste che crei semplicemente quando non stai pensando.

Atassia: perdita parziale o completa della coordinazione dei movimenti muscolari volontari.

Attaccamento - un concetto enfatizzato principalmente da John Bowlby, secondo il quale un bambino è geneticamente predisposto a cercare e mantenere la vicinanza con i membri della propria specie, in particolare con la madre. Nei bambini, la seconda metà del primo anno di vita è considerata un periodo critico per stabilire un attaccamento ottimale.

Attacco di panico - un periodo di intensa paura o disagio durante il quale una persona avverte sintomi come palpitazioni, sudorazione, tremori, soffocamento, dolore toracico, nausea, derealizzazione, depersonalizzazione, paura di perdere il controllo, impazzire o morire.

Atteggiamento: la tendenza di un individuo a rispondere a situazioni, gruppi o oggetti determinati dalla famiglia o dall'ambiente sociale.

Attenzione: la capacità di focalizzare l'attenzione su un'attività o uno stimolo specifico. L'attenzione ridotta può manifestarsi come una facile distrazione o difficoltà a completare le attività o a concentrarsi sul lavoro.

Autoefficacia: fiducia nella propria capacità di fare una determinata cosa o di raggiungere un certo livello di prestazioni. Le convinzioni di autoefficacia influenzano il modo in cui pensiamo, cerchiamo fonti di motivazione personale e agiamo.

Autostima: una valutazione che una persona fa di se stessa e dipende da come viene percepita in relazione agli altri. Ad esempio, una persona con bassa autostima tende a svalutare se stessa e le proprie capacità.

Biofeedback - apparecchiatura o procedura che fornisce informazioni in tempo reale a una persona sui cambiamenti nell'attività muscolare, temperatura cutanea, frequenza cardiaca, pressione sanguigna e altre funzioni al fine di ottenere il controllo volontario su queste funzioni.

Bisogno - uno stato di mancanza che costringe l'organismo a connettersi con l'ambiente per riempirlo. Questa forza trainante non è sempre una motivazione sufficiente per agire. Il bisogno in senso psicologico non sempre coincide con quello psicofisiologico. Ad esempio, nei casi di dipendenza psicologica da sostanze che non provocano dipendenza fisica.

Bradicinesia - rallentamento generale dell'attività motoria.

Bulimia - un disturbo alimentare caratterizzato da episodi in cui una persona sente un desiderio compulsivo di consumare quantità sproporzionate di cibo, associato a una spiacevole sensazione di non essere in grado di controllare il proprio comportamento.

Burnout - una sindrome che colpisce in particolare le persone nelle professioni di aiuto quando non rispondono adeguatamente allo stress a cui sono esposte nel lavoro.

Carattere - una parte della personalità che non è innata, cioè acquisita nell'interazione con l'ambiente educativo, culturale, sociale.

Catalessia: flessibilità del cervello; rigido mantenimento della posizione del corpo nel tempo.

Cataplessia - un disturbo che provoca la perdita del tono muscolare, solitamente innescato da forti emozioni come gioia, pianto, ecc.

Catatonia - La catatonia si manifesta con alcuni dei seguenti sintomi: arresto motorio, attività motoria eccessiva, negativismo o mutacismo estremi, movimenti volontari speciali, ecolalia o ectoprassia.

Cleptomania - un disturbo del controllo degli impulsi che comporta il furto di oggetti che non sono destinati all'uso personale o al profitto. Un senso di tensione crescente o di eccitazione emotiva precede l'atto di piacere.

Cognizione - in psicologia, il modo di formare concetti. Il concetto di cognizione è strettamente correlato ai concetti di mente, pensiero, percezione, intelligenza, apprendimento, ecc. La cognizione è una proprietà astratta degli organismi viventi sviluppati ed è quindi studiata come una proprietà del cervello o della mente.

Comorbilità - la coesistenza di due o più malattie diverse.

Compassione – il termine deriva dal greco e significa letteralmente soffrire insieme, simpatizzare con gli altri. Nel suo senso etimologico, simpatia si riferisce alla condivisione della sofferenza o della sventura, ma nell'uso generale può anche riferirsi a emozioni positive. In un senso più ampio, può riferirsi alla divisione delle ideologie, ad esempio "È un simpatizzante della destra (o della sinistra)".

Comportamento: il modo in cui un organismo agisce e reagisce in relazione ad altri oggetti, organismi o ambiente. Qualsiasi comportamento può essere volontario o involontario, conscio o inconscio.

Compulsione - un comportamento ripetitivo o un atto mentale che una persona è costretta a compiere per ridurre il disagio causato da pensieri ossessivi o per prevenire un incidente.

Comunicazione: il processo che si verifica quando un soggetto (mittente) induce un altro soggetto (destinatario) a pensare o fare qualcosa. La comunicazione tra organismi viventi è circolare, nel senso che ogni messaggio inviato da mittente a destinatario implica feedback, cioè un altro evento di comunicazione da destinatario a mittente, ecc.

Condizionamento - un processo che si verifica

nell'organismo collegando uno stimolo incondizionato (naturale) con uno stimolo condizionale (artificiale). Quando si verifica una risposta condizionata, la semplice presentazione dello stimolo condizionato innesca la risposta condizionata.

Consulenza psicologica online - consulenza psicologica o psicoterapia svolta a distanza, ad es. tramite video o telefonata, invece che di persona.

Controtransfert - una risposta specifica del terapeuta al paziente, che è intesa come una risposta affettiva, emotiva, conscia e inconscia a ciò che il paziente esprime.

Coping: la capacità di gestire determinate situazioni, in particolare quelle che possono esporre un individuo allo stress.

Coscienza - Il processo di conoscenza e di presa di coscienza delle relazioni tra se stessi e l'ambiente.

Counseling - Il Counseling è un'attività professionale che indirizza, sostiene e sviluppa il potenziale del cliente, incoraggia un atteggiamento attivo e propositivo e promuove la sua capacità di scelta. Si occupa di problemi non specifici come il processo decisionale, il miglioramento delle relazioni interpersonali e della famiglia, del lavoro, della scuola. La consulenza si differenzia dalla psicoterapia in quanto non si occupa di situazioni patologiche.

Credenza - uno stato psicologico che porta un individuo a credere che un'ipotesi o una proposizione sia vera.

Credenza dominante – Una convinzione irrazionale e persistente che è in qualche modo meno persistente delle delusioni (cioè, la persona è in grado di riconoscere la possibilità che la convinzione sia falsa). Questa convinzione non è una convinzione generalmente accettata da altri membri della cultura o sottocultura del soggetto.

Depersonalizzazione - un sintomo dissociativo caratterizzato da una sensazione di alienazione da se stessi, accompagnata da una sensazione di essere visto dall'esterno e appiattimento emotivo. Vedi anche disturbo di depersonalizzazione.

Depressione - un disturbo dell'umore caratterizzato da un insieme di sintomi cognitivi, comportamentali, somatici ed emotivi che insieme interferiscono lievemente o gravemente con il funzionamento individuale e sociale dell'individuo.

Deragliamento – Allentamento dei legami associativi. Un modo di dire in cui le idee scivolano da un percorso all'altro che non ha con esse alcun collegamento o è solo vagamente correlato al primo. Passando da uno stadio o proposizione a un altro, una persona di solito sposta un oggetto da un quadro di riferimento a un altro e le cose possono essere correlate per essere confrontate senza relazioni semantiche.

Derealizzazione - un sintomo dissociativo che coinvolge un forte senso di irrealtà o distacco dalla realtà.

Desensibilizzazione - Una tecnica psicoterapeutica che prevede la graduale riduzione ed eliminazione delle sensazioni spiacevoli associate a uno stimolo.

Disfunzionale - sinonimo di disadattato.

Disgiunzioni: parole o pensieri fondamentalmente incomprensibili per gli altri perché parole o frasi sono costruite senza connessione logica o significato. Il cambiamento avviene all'interno della proposizione stessa, a differenza del deragliamento, dove il cambiamento avviene tra le proposizioni.

Disorientamento: confusione sull'ora del giorno, la data o la stagione (tempo), dove siamo (spazio) o chi siamo.

Dispareunia - un disturbo sessuale caratterizzato da dolore genitale associato al rapporto sessuale. Sebbene si verifichi più spesso durante il rapporto, può verificarsi anche prima o dopo il rapporto. Il disturbo può verificarsi sia negli uomini che nelle donne. Nelle donne, il dolore può essere descritto come superficiale durante la penetrazione o profondo durante la spinta del pene.

Dissociazione (disturbo) - un gruppo di disturbi caratterizzati dall'interruzione delle funzioni normalmente integrate di coscienza, memoria, identità o percezione. I cambiamenti possono essere improvvisi o graduali, transitori o cronici.

Distonia - un disturbo caratterizzato da movimenti insoliti e involontari o spasmi muscolari.

Disturbo bipolare - un disturbo dell'umore caratterizzato da uno stato emotivo chiamato mania, che consiste in un'euforia intensa ma irrazionale, accompagnata da irritabilità, logorrea, iperattività, scarsa attenzione e realizzazione di piani grandiosi e irrealizzabili. La mania può verificarsi nelle persone con episodi depressivi, ma è stata riscontrata meno spesso nelle persone senza depressione.

Disturbo borderline (di personalità): un disturbo di personalità caratterizzato da instabilità generalizzata delle relazioni interpersonali, dell'autostima e dell'umore e da una marcata impulsività che inizia nella prima età adulta e si manifesta in una varietà di contesti. Le persone con questo disturbo di personalità cercano disperatamente di evitare l'abbandono reale o immaginario. I sentimenti di imminente separazione, rifiuto o perdita della struttura esterna possono causare profondi cambiamenti nell'immagine di sé, nell'umore, nella cognizione e nel comportamento.

Disturbo Ossessivo Compulsivo (Disturbo Compulsivo) - (DOC) Disturbo d'ansia che si manifesta in varie forme, ma è caratterizzato principalmente da ananas, la sintomatologia consiste in pensieri ossessivi, indipendentemente dal fatto che siano legati a compulsioni (azioni o rituali specifici che devono essere effettuato) che ha cercato di neutralizzare l'ossessione.

Disturbo Ossessivo Compulsivo (Disturbo di Personalità) – Un disturbo di personalità caratterizzato da una preoccupazione per l'ordine, il perfezionismo e il controllo mentale e interpersonale a scapito di flessibilità, apertura ed efficienza. Le persone con questo disturbo di personalità cercano di mantenere un senso di controllo aderendo rigidamente a regole, dettagli non necessari, procedure, elenchi, programmi o moduli al punto da perdere lo scopo delle attività.

Disturbo ossessivo compulsivo omosessuale - Disturbo ossessivo in cui il tema è una paura (immotivata) dell'omosessualità.

Disturbo post-traumatico da stress (PTSD) – un disturbo d'ansia che si sviluppa dopo l'esposizione a un fattore di stress traumatico estremo che coinvolge l'esperienza personale diretta di un evento che ha causato o potrebbe causare la morte o lesioni gravi o altre minacce all'integrità fisica. I sintomi tipici includono la ripetizione persistente dell'evento traumatico, l'evitamento persistente degli stimoli correlati al trauma, la ridotta reattività generale e i sintomi persistenti di aumento dell'eccitazione.

Disturbo somatoforme (disturbo) - un disturbo caratterizzato da disturbi relativi alle condizioni fisiche e all'ansia somatica che non possono essere attribuiti a una causa fisiologica o a un altro disturbo psicologico. I pazienti trascorrono molto tempo in visite ed esami in istituti medici e psichiatrici, il che spesso porta a una diagnosi sbagliata. Nei disturbi somatoformi, la causa dei sintomi fisiologici, che non sono né simulati né sotto il controllo della persona, è psicologica. I disturbi somatoformi comprendono l'ipocondria e i disturbi di conversione.

Disunità (famiglia) - dal punto di vista dei sistemi familiari, definisce una famiglia in cui le relazioni tra i suoi membri sono molto rigide e senza intimità. I rapporti con il mondo esterno sono molto aperti.

Egocentrismo - caratteristica degli individui che considerano le proprie opinioni, opinioni o interessi più importanti di quelli degli altri. Tutti i bambini piccoli e la maggior parte delle persone autistiche sono egocentrici. Un punto di vista egocentrico si ritrova anche negli adulti che sono sottoposti a stress prolungato o in uno stato di forte euforia.

Emozione - Uno stato psicologico e fisiologico associato a cambiamenti psicofisiologici e stimoli naturali o appresi. Da un punto di vista evolutivo, la funzione principale delle emozioni è quella di rispondere a situazioni in cui la sopravvivenza richiede una risposta immediata, cioè una risposta che non utilizzi processi cognitivi ed elaborazioni consce.

Empatia - vicinanza emotiva, un atteggiamento collaborativo e comprensivo verso l'altro, lasciando da parte preoccupazioni e pensieri personali, possibili polarità emotive (piace, antipatie) e giudizio morale.

Empowerment - l'empowerment spirituale, politico, sociale o economico di un individuo o di una comunità. Il termine si riferisce spesso allo sviluppo della fiducia nelle proprie capacità (vedi anche autostima).

Esibizionismo - una parafilia che comporta l'esposizione dei propri genitali a uno sconosciuto. A volte il soggetto si masturba mentre guarda (o fantastica di guardare). Di solito non cerca di continuare il rapporto sessuale con uno sconosciuto.

Estroversione: la tendenza di una persona ad essere socievole, sicura di sé e in cerca di eccitazione.

Euforia - Uno stato di euforia mentale caratterizzato da eccessiva esuberanza e felicità derivanti dal benessere fisico e da un senso di armonia tra mente e corpo.

Evitamento: un tentativo di evitare uno stimolo o una situazione spiacevole. L'evitamento è caratteristico dei disturbi d'ansia fobici.

Farmaci psicoattivi - gruppi di farmaci che agiscono sul sistema nervoso centrale. I più comunemente usati sono ansiolitici (ad es. benzodiazepine), antidepressivi, neurolettici (o antipsicotici) e stabilizzatori dell'umore.

Feedback - un termine che significa feedback e può essere utilizzato in diversi contesti. Nel contesto della comunicazione, il feedback è la risposta ricevuta alla comunicazione.

Flashback - ripetizione di ricordi passati, sentimenti o esperienze percettive.

Fobia - un disturbo d'ansia che consiste in una paura forte, irrazionale e persistente di determinate attività, oggetti, situazioni o persone che possono limitare gravemente l'autonomia e il funzionamento del soggetto. Le fobie possono svilupparsi su un'ampia gamma di oggetti e situazioni.

Fobia sociale - un disturbo d'ansia che consiste in una paura (fobia) pronunciata e persistente di situazioni o apparenze sociali che possono causare imbarazzo.

Fuga dissociativa - un disturbo dissociativo che comporta un allontanamento improvviso e inaspettato dalla casa o dal luogo di lavoro abituale, accompagnato dall'incapacità di ricordare il passato e dalla confusione sull'identità personale o dall'assunzione di una nuova identità.

Gelosia - un sentimento associato alla paura della perdita, innescato da un impulso di possessività o eccessiva protezione nei confronti di un soggetto o di un oggetto. A volte, l'eccessiva possessività o il desiderio di proteggere il soggetto nascondono insicurezza. È sicuramente un fenomeno da non sottovalutare, perché la gelosia può diventare morbosa e portare alla patologia.

Idea di riferimento: la convinzione che le coincidenze e gli eventi esterni casuali abbiano un significato speciale e insolito specifico per la persona che li sta vivendo.

Illusion - falsa percezione o interpretazione errata di un reale stimolo esterno, ad esempio percepire il fruscio delle foglie come se fosse il suono di una voce. Vedi anche allucinazioni.

Impronta - Una forma base di apprendimento che si verifica durante un periodo della vita chiamato periodo critico in cui una persona è biologicamente predisposta a questo tipo di apprendimento.

Insight: vedere letteralmente dentro di te. In italiano, il termine è tradotto come intuizione o illuminazione. Significa risolvere un problema con un'idea improvvisa vissuta come un'esperienza interna che ci permette di ripensare completamente il problema e arrivare in breve tempo alla soluzione desiderata.

Intelligenza: la capacità di un organismo di risolvere i problemi. In psicologia si distingue tra intelligenza fluida e cristallizzata. Mentre la seconda dipenderebbe dall'apprendimento e dalla cultura e quindi aumenterebbe con l'esperienza, la prima sarebbe innata e duratura.

Introverso - la tendenza di una persona ad essere introversa e ad essere interessata principalmente al suo mondo interiore e a se stesso, e ha un atteggiamento più o meno distante verso il mondo esterno. Un introverso non è necessariamente una persona sola o timida.

Inversione - Un processo mentale in cui il soggetto crede di poter annullare un'azione o un pensiero che ritiene inaccettabile attraverso una sorta di rituale, gesto, pensiero o azione che inverte ciò che è già stato fatto. Questo è il processo alla base della superstizione e può essere presente nelle persone ossessivo-compulsive in forma patologica e nei bambini piccoli in una forma non patologica.

Invidia - un sentimento verso un'altra persona o un gruppo di persone che hanno qualcosa (concreto o metaforico) che la persona invidiata non ha.

Ipocondria - un disturbo somatoforme caratterizzato da un'errata interpretazione dei segni e sintomi corporei effettivi, con conseguente preoccupazione o convinzione persistente di avere una malattia grave e non rispondere a un'appropriata rassicurazione medica.

Isteria - un termine usato nella psichiatria del 19° secolo per una serie di attacchi nevrotici molto intensi, che di solito coinvolgono le donne.

Istinto - un modello di comportamento innato che si attiva automaticamente quando è presente uno stimolo appropriato. Gli istinti sono relativamente meno importanti negli esseri umani che in altre specie animali.

Lutto - un'intensa sensazione di tristezza per la perdita di una persona cara. In un senso più ampio, il lutto può verificarsi anche in connessione con un oggetto reale o astratto o un evento improvviso, come la perdita di un legame emotivo o di una posizione sociale.

Malinconia - un termine usato fin dall'antichità per diagnosticare profonda tristezza e depressione. Nel disturbo depressivo maggiore con manifestazioni malinconiche, una persona non può sentirsi meglio nemmeno per un momento quando accade qualcosa di positivo.

Mania - Uno stato emotivo di euforia intensa ma irrazionale, manifestata da conversazioni incessanti, brainstorming, distrazioni, piani grandiosi e esplosioni di attività senza scopo. Vedi anche disturbo bipolare.

Mente - un insieme di funzioni superiori del cervello, specialmente quelle di cui possiamo essere soggettivamente consapevoli a vari livelli, come personalità, pensiero, ragione, memoria, intelligenza, volontà. Sebbene molte specie animali condividano alcune di queste abilità con gli esseri umani, il termine è solitamente usato in riferimento agli esseri umani.

Mobbing: una situazione sul posto di lavoro in cui colleghi e/o superiori molestano una persona utilizzando vari metodi di coercizione psicologica e fisica. Ad esempio, sottraendo il lavoro premiato per darlo ai colleghi, o riducendo la competenza dei compiti stessi a compiti poco importanti e insoddisfacenti.

Motivazione: ciò che spinge l'organismo a una

determinata azione. Da un punto di vista psicologico, può essere definito come un insieme di fattori che motivano il comportamento di un individuo a raggiungere un determinato obiettivo.

Narcisistico (disturbo della personalità): un disturbo della personalità caratterizzato da pervasiva grandiosità, bisogno di ammirazione e mancanza di empatia. Le persone con questo disturbo di personalità hanno un estremo senso di autostima, tendono a sopravvalutare le proprie capacità ed esagerare i propri talenti e sono spesso considerate presuntuoso e arrogante. Possono facilmente presumere che gli altri apprezzino allo stesso modo i loro sforzi e sono sorpresi quando non ricevono l'elogio che si aspettano e sentono di meritare.

Nevrosi - un disturbo mentale più o meno grave in cui l'esperienza della realtà non è disturbata come nelle psicosi. Esempi di nevrosi sono i disturbi d'ansia, alcune forme di depressione e i disturbi sessuali.

Ossessione - pensieri, impulsi o immagini di natura invadente e ripetitiva che si verificano molto spesso nella mente e appaiono irrazionali e incontrollabili all'individuo che li vive.

Paranoia - Un sistema di credenze ossessivo con temi di persecuzione. Il termine è stato utilizzato in passato con varie connotazioni, ma ora non è più incluso nella terminologia internazionale ufficiale dei disturbi mentali, essendo stato sostituito dalle categorie di disturbo delirante e disturbo paranoico di personalità.

Pathofobia - sinonimo di ipocondria. La patofobia è definita come la paura di una singola malattia e l'ipocondria come la paura di più malattie. In particolare, mentre il patofobico si occupa di una sola malattia, l'ipocondriaco teme tutte le malattie di cui sente parlare.

Personalità - Un insieme di caratteristiche psicologiche e modi di comportarsi che definiscono il nucleo delle differenze individuali (tratti di personalità) in molti contesti in cui si sviluppa il comportamento umano, cioè nella percezione, nell'atteggiamento e nel pensare a se stessi e al proprio ambiente.

Placebo (effetto) - qualsiasi trattamento o agente chimico inattivo che influenzi il comportamento di una persona per ragioni legate alle sue aspettative di cambiamento. In psicoterapia, l'effetto placebo è chiamato aspettativa.

Procrastinazione - Rimandare o evitare che un'attività o un'azione venga completata, distogliendo l'attenzione su un'altra attività. Questo comportamento porta a una minore produttività, stress e senso di colpa.

Psiche - un termine tradizionalmente usato per denotare l'insieme globale delle funzioni intellettuali, mentali, emotive, affettive e relazionali di un individuo che trascende la sua dimensione fisica e materiale.

Psicoastenia – un disturbo nevrotico che può essere letteralmente tradotto come mancanza di energia psichica. È caratterizzato da una generale diminuzione delle funzioni mentali, che non è di origine organica, ma è associata a problemi di natura psico-affettiva, accompagnati da eccessivi dubbi e indecisioni.

Psicofisiologia - disciplina che si occupa dello studio dei processi fisiologici e del loro rapporto con le funzioni/disturbi psicologici.

Psicologia - una disciplina scientifica che studia il comportamento degli individui e i loro processi psicologici. Questo studio si occupa delle dinamiche interne dell'individuo, del rapporto tra l'individuo e l'ambiente, del comportamento umano e dei processi mentali associati agli stimoli sensoriali e alle loro risposte.

Psicopatico - una persona con disturbo di personalità antisociale.

Psicopatologia - Lo studio sistematico di esperienze, cognizioni e comportamenti anormali che risultano da cambiamenti nella psiche. È una branca della psicologia che studia i disturbi mentali.

Psicosi - Un disturbo psichiatrico che si riferisce a un grave cambiamento nell'equilibrio mentale di un individuo con un disturbo da controllo della realtà. I sintomi psicotici possono essere attribuiti a disturbi della forma pensiero, disturbi del contenuto dei pensieri (deliri) e disturbi dei sentimenti e delle percezioni (allucinazioni uditive, visive, tattili, olfattive e gustative).

Psicosomatica - Un'area della psicologia clinica che si concentra sulla relazione tra i disturbi somatici (compresi i disturbi generali) e la loro eziologia, spesso di natura psicologica.

Psicoterapia - una branca specializzata della psicologia che si occupa del trattamento di disturbi psicopatologici di varia gravità, dal modesto disadattamento alla profonda alienazione, che possono manifestarsi con sintomi nevrotici o psicotici che minacciano il benessere di una persona, la rendono disabile e causano disabilità. .

Pulsazione - un fenomeno dinamico caratterizzato dall'eccitazione fisica, che provoca uno stato di tensione e quindi la motivazione a eseguire un comportamento che consente di rilasciare questa tensione. L'istinto può essere soddisfatto in vari modi, per lo più appreso attraverso l'esperienza.

Quoziente di intelligenza - il risultato ottenuto da un test standardizzato per misurare l'intelligenza.

Resilienza - In psicologia, la resilienza è la capacità di affrontare positivamente eventi dolorosi o traumatici e di riorganizzare la propria vita di fronte alle avversità. Le persone resilienti sono quelle che, nonostante tutto e talvolta nonostante tutto, riescono a far fronte con successo ai fallimenti, a far rivivere la propria esistenza e persino a raggiungere obiettivi importanti.

Riflesso condizionato: la risposta di un organismo a uno stimolo condizionato. Il termine è stato introdotto dallo scienziato russo Ivan Pavlov all'inizio del XX secolo nel contesto degli studi comportamentali.

Sadismo - una parafilia che consiste in azioni reali (e non simulate) in cui il soggetto sperimenta l'eccitazione sessuale a causa della sofferenza mentale o fisica della vittima (compresa l'umiliazione). Alcune persone con questa parafilia sono disturbate dalle loro fantasie sadiche, che possono essere innescate durante l'attività sessuale, ma per il resto non si realizzano; in questi casi, le fantasie sadiche di solito implicano il controllo completo sulla vittima, che teme la possibilità di un atto sadico imminente. Altri mettono in atto le loro pulsioni sessuali sadiche con il consenso di un partner (che può soffrire di masochismo) che subisce volontariamente dolore o umiliazione. Altri individui sadici esercitano i loro impulsi sessuali sadici su vittime riluttanti. In tutti questi casi, la vittima è sessualmente eccitata dalla sofferenza.

Schizofrenia - una malattia psichiatrica cronica o recidivante caratterizzata da sintomi persistenti di pensiero, comportamento ed emozioni alterati che sono così gravi da limitare le normali attività di una persona. La schizofrenia non è un'entità nosografica unica, ma una classe di disturbi caratterizzati da una certa gravità e disturbo del cosiddetto controllo della realtà (psicosi). Questa classe include immagini di sintomi e tipi di personalità che sono molto diversi tra loro e variano notevolmente per gravità e decorso. Nei casi più gravi, i sintomi possono portare a catatonia, mutismo e totale incapacità. Nella maggior parte dei casi di schizofrenia, c'è una qualche forma di apparente disorganizzazione o incoerenza di pensiero. In alcune forme, tuttavia, questo sintomo non compare, ma compaiono rigide costruzioni paranoiche.

Schizoide (disturbo della personalità) – un disturbo della personalità caratterizzato dal ritiro generale dalle relazioni sociali e dall'esperienza e dall'espressione emotiva limitate nelle relazioni interpersonali. Gli individui con questo disturbo di personalità sembrano non avere alcun desiderio di intimità, sono indifferenti alle opportunità di stringere relazioni strette e sembrano trovare poca soddisfazione nell'essere parte di una famiglia o di un altro gruppo sociale.

Schizotimico (disturbo di personalità) - Un disturbo di personalità caratterizzato da un modello pervasivo di deficit sociali e interpersonali accentuati da disagio acuto, ridotta capacità di relazioni strette e comportamento distorto ed eccentrico. Le persone con questo disturbo di personalità hanno spesso idee di riferimento, cioè interpretazioni errate di fenomeni casuali ed eventi esterni che hanno un significato speciale e insolito per quella persona.

Serotonina – Un neurotrasmettitore il cui equilibrio è coinvolto nel mantenimento dell'umore e della depressione.

Sessuale (Disturbi) - Una classe di disturbi caratterizzati da anomalie nel processo alla base del ciclo di risposta sessuale o dolore associato al rapporto.

Sfruttamento - l'espressione di emozioni, desideri o impulsi attraverso comportamenti incontrollati, con apparente disprezzo per le possibili conseguenze personali e sociali per sé e per gli altri. Traduzione dall'inglese, gioca.

Simbiosi – In psicologia, la simbiosi è una forma di pensiero che produce un comportamento strettamente dipendente. Si dice che una relazione interpersonale simbiotica, come l'amicizia simbiotica, l'amore simbiotico o il matrimonio simbiotico, esista, ad esempio, quando una o entrambe le persone dipendono dall'altra nella misura in cui si ammalano o muoiono quando l'altra persona si ritira o fallisce.

Sinapsi - una connessione che consente la comunicazione tra le cellule del tessuto nervoso (neuroni). Attraverso la trasmissione sinaptica, un impulso nervoso può viaggiare da un neurone all'altro.

Sindrome - un insieme di sintomi e segni clinici (sintomatologia) che possono essere il risultato di varie malattie o eziologie.

Sinestesia - una condizione in cui uno stimolo uditivo, olfattivo, tattile o visivo è percepito come due eventi sensoriali diversi ma simultanei. È presente nella sua forma più lieve in molti individui, ad esempio quando il tatto o la presenza di un odore o di un gusto innesca un'altra reazione sensoriale (la vista della frutta che viene percepita anche come gusto) ed è spesso dovuta al fatto che i nostri sensi, pur essendo autonomi, non operano in maniera del tutto separata l'una dall'altra. Infatti, la presenza di sinestesia indica molto probabilmente la percezione di uno stimolo (ad esempio il suono) con una risposta chiara e corretta di un altro senso (ad esempio la visione). La forma pura si riferisce alla sinestesia, che si verifica automaticamente come fenomeno percettivo e non cognitivo.

Sintomo - un cambiamento nella consueta percezione di se stessi e del proprio corpo in relazione alla condizione patologica segnalata dal paziente. Si differenzia da un sintomo, che è invece un riscontro patologico oggettivo che un clinico riconosce all'esame obiettivo del paziente. L'etimologia di questo termine suggerisce che si verificano insieme, poiché i sintomi spesso non sono isolati, ma compaiono insieme ad altri.

Sociopatico - una persona con disturbo di personalità antisociale.

Sogno - un fenomeno associato al sonno, in particolare la fase del sonno REM, caratterizzata dalla percezione di immagini e suoni apparentemente reali.

Stato mentale - uno stato mentale temporaneo che non è il risultato di caratteristiche della personalità.

Stress - Lo stress, chiamato anche sindrome da disadattamento, è il processo del corpo che si adatta a un fattore di stress chiamato stress. Lo stress può essere fisiologico, ma può anche avere conseguenze patologiche. Qualsiasi fattore di stress che disturbi l'omeostasi dell'organismo innesca immediatamente reazioni regolatoria neuropsicologiche, emotive, comportamentali, ormonali e immunologiche. Gli eventi della vita quotidiana possono anche causare mutazioni radicali dovute all'adattamento. Il coping è un'attività complessa che implica l'adozione di azioni per affrontare o risolvere problemi in base alla risposta emotiva soggettiva innescata da questi eventi.

Stressogeno: causa di stress.

Stupore - uno stato di insensibilità con silenzio e irrequietezza.

Subconscio: qualsiasi contenuto della mente che esiste o opera al di fuori della consapevolezza cosciente. Sinonimo di inconscio. Vedi anche preconscio.

Subliminale: un messaggio che viene percepito a livello subconscio senza consapevolezza.

Temperamento - una parte innata della personalità che si riferisce all'intensità, frequenza e soglia delle risposte emotive di un individuo. Ad esempio, piacere, dolore e aggressività sono espressi in modi diversi in ogni individuo.

Terapia a distanza o Psicoterapia a distanza - Vedi Consulenza psicologica online.

Terapia breve - una forma di psicoterapia che di solito si svolge in un numero limitato di sessioni. Esempi di modelli di terapia breve sono la terapia strategica, la terapia cognitivo-comportamentale, la psicoterapia breve dinamica, l'ipnoterapia di Erickson.

Terapia o psicoterapia online - vedi Consulenza psicologica online.

Test – I test psicologici o i test psicodiagnostici reattivi sono strumenti per misurare i costrutti psicologici. I migliori e i più affidabili sono validati e standardizzati e consentono di confrontare statisticamente la performance di un soggetto con la popolazione di riferimento rispetto alla quale sono stati normalizzati. I test psicologici possono essere classificati in diversi modi: per livello, cioè basato su competenze (es. conoscenza della lingua inglese, capacità intellettiva (intelligenza) ecc.), abilità, personalità, test oggettivi, test clinici, test proiettivi, test di potenza. Eccetera.

Trance - uno stato temporaneo di attenzione focalizzato su un oggetto che è interno o esterno all'esperienza del soggetto. Uno stato di trance può essere raggiunto spontaneamente, anche durante le normali attività quotidiane che possono attirare l'attenzione del soggetto, oppure può essere indotto attraverso l'ipnosi.

Transfert - Il meccanismo attraverso il quale un individuo trasferisce sentimenti e pensieri relativi a una relazione importante nella sua vita alla persona coinvolta nell'attuale relazione interpersonale. Ad esempio, il paziente tratta il terapeuta come un padre.

Tratto di personalità: un fattore importante e relativamente stabile della personalità di un individuo.

Travestitismo - una parafilia in cui un uomo indossa abiti femminili. In molti o nella maggior parte dei casi, l'eccitazione sessuale è il risultato dell'associazione di pensieri o immagini in cui una persona si vede come una donna (la cosiddetta autogenefilia). Queste immagini possono variare dal vedere una donna con genitali femminili al vederti completamente vestito come una donna senza prestare attenzione ai genitali. Gli abiti femminili sono fonte di eccitazione principalmente perché sono simboli della femminilità del soggetto, non come feticci con specifiche proprietà oggettive (es. oggetti di gomma). Un uomo travestito di solito ha una collezione di vestiti da donna che usa occasionalmente per travestirsi da donna. Questo disturbo è stato descritto solo negli uomini eterosessuali.

Tricotillomania - un disturbo che provoca ripetuti strappi di peli o peli pubici. I siti delle lacrime possono essere qualsiasi parte del corpo in cui crescono i capelli, ma molto spesso il cuoio capelluto, le sopracciglia e le ciglia.

Umore – I due disturbi dell'umore più comuni sono il disturbo depressivo e il disturbo bipolare.

Umore: uno stato emotivo relativamente lungo. L'umore differisce dalle emozioni e dai sentimenti in quanto è meno specifico, meno intenso e ha meno probabilità di essere innescato da uno stimolo o un evento specifico. In generale, l'umore ha un valore positivo o negativo: si parla colloquialmente di buono e cattivo umore; l'umore può durare per ore, giorni o anche più a lungo. Gli stati d'animo cambiano anche a seconda del temperamento e dei tratti della personalità, che possono durare più a lungo.

www.ingramcontent.com/pod-product-compliance
Lightning Source LLC
LaVergne TN
LVHW050551160826
845677LV00011B/2264

* 9 7 9 8 8 4 8 1 7 2 9 4 2 *